LUCIANE DO NASCIMENTO SPADOTTO

# COMO ENSINAR PRAGMÁTICA
## UM ESTUDO SOBRE O PEDIDO DE DESCULPAS EM ITALIANO

São Paulo - 2024

Estudos italianos | série didática

O presente trabalho foi realizado com apoio da ABPI –
Associação Brasileira dos Professores de Italiano e o Istituto
Italiano di Cultura di San Paolo

*Para Douglas, Lorenzo e Lupita, que escrevem
comigo as páginas da minha vida*

# AGRADECIMENTOS

Minha gratidão a todas as pessoas que estiveram comigo durante o percurso do doutorado e que apoiaram, de forma explícita ou implícita, o desenvolvimento da pesquisa. Aqui, em especial, agradeço ao Instituto Italiano di Cultura di San Paolo e à Associação Brasileira de Professores de Italiano pelo Prêmio "Gina Galeffi", o qual tornou possível a realização deste livro.

*A educação é um ato de amor, por isso, um ato de coragem. Não pode temer o debate. A análise da realidade. Não pode fugir à discussão criadora, sob pena de ser uma farsa.*

Paulo Freire

# SUMÁRIO

**PREFÁCIO** ..................................................................11

**INTRODUÇÃO** ........................................................... 17

**CAPÍTULO 1**
**O DESENVOLVIMENTO DA COMPETÊNCIA PRAGMÁTICA NAS AULAS DE LÍNGUA** ...................................23

    **1.1. Pragmática Interlinguística: aquisição e uso de uma segunda língua**..................................................................25

    **1.2. O que é a competência pragmática** ......................29

        1.2.1. A competência pragmática nos modelos de competência comunicativa ..................................................................29

        1.2.2. A competência pragmática nos estudos da Pragmática Interlinguística..................................................................39

    **1.3. O desenvolvimento da competência pragmática em sala: uma questão central para a Pragmática Interlinguística.** ............42

        1.3.1 O ensino da pragmática nas aulas de língua: que material utilizar?..................................................................46

            — *O papel do livro didático no ensino de línguas*

            — *O uso de corpora como insumo para o desenvolvimento da competência pragmática*

            — *O texto fílmico como recurso para o desenvolvimento da competência pragmática*

        1.3.2. O ensino da pragmática nas aulas de língua: que instrução adotar? ..................................................................59

            — *O processo de aprendizagem e a importância da percepção (ativa)*

- *O processo de ensino e os diferentes tipos de instrução*
- *Instrução explícita e implícita: como se configuram os estudos empíricos*

## CAPÍTULO II
## O ATO DE FALA DO PEDIDO DE DESCULPAS ............. 75
**2.1. O pedido de desculpas na Teoria dos Atos de Fala ......... 77**
**2.2. O pedido de desculpas: de marcador discursivo à ação reparadora. .............................................. 83**
**2.3. Elementos necessários para a realização de um pedido de desculpas ............................................... 87**
    2.3.1. Falante e ouvinte: a relação entre os interlocutores ............ 88
    2.3.2. A ofensa: o grau de imposição de um pedido de desculpas .. 91
    2.3.3. A ação reparadora: como pode ser realizada ...................... 94
    - *Estratégias para a realização do pedido de desculpas*
    2.3.4. A (re)ação: possíveis respostas a um pedido de desculpas..... 118

## CAPÍTULO III
## A METODOLOGIA DA PESQUISA ......................... 123
**3.1. Metodologia de coleta de dados ....................... 125**
    3.1.1. O desenho da pesquisa ........................................... 125
    3.1.2. Os participantes da pesquisa: grupo explícito e grupo implícito ................................................................ 126
    3.1.3. Instrumentos de coleta dos dados ........................................ 130
    - *Role play*
    - *DCTs orais*
    - *DCTs escritos*

3.1.4. Elaboração do material didático ............................................. 138
— *Unidades de ensino*
3.1.5. Tratamento didático: instrução explícita vs. instrução implícita no ensino da pragmática ................................................. 145
— *Grupo Explícito: descrição das aulas e das atividades*
— *Grupo Implícito: descrição das aulas e atividades*
3.2. **Metodologia de análise dos dados: categorias e instrumentos. 161**
3.2.1. Categorias de análise ............................................................ 162
— *Estratégias para a realização do pedido de desculpas*
3.2.2. Instrumentos de análise dos dados ....................................... 174

**CAPÍTULO IV**
**O USO DE ESTRATÉGIAS PARA O PEDIDO DE DESCULPAS ANTES E APÓS O TRATAMENTO: ANÁLISE E DISCUSSÃO DOS RESULTADOS........................................177**
**4.1. Grupo explícito vs. grupo implícito: a análise quantitativa 179**
**4.2. Escolha das estratégias: a análise qualitativa ............ 194**
4.2.1. *Role play* 1 – derrubar a caneta ........................................... 194
4.2.2. *Role play* 2 – derrubar o vinho ............................................ 199
4.2.3. DCT oral 1 – atraso com um amigo .....................................203
4.2.4 DCT oral 2 – atraso com um desconhecido ........................ 211
4.2.5. DCT escrito 1 – derrubar a caneta ...................................... 214
4.2.6. DCT escrito 2 – derrubar o vinho ........................................ 217
4.2.7. DCT escrito 3 – atraso/amigo ...............................................221
4.2.8. DCT escrito 4 – atraso/desconhecido ..................................228
**CONSIDERAÇÕES FINAIS ................................233**
**REFERÊNCIAS ......................................... 243**

LUCIANE DO NASCIMENTO SPADOTTO

# COMO ENSINAR PRAGMÁTICA
## UM ESTUDO SOBRE O PEDIDO DE DESCULPAS EM ITALIANO

# PREFÁCIO

**Ensinar pragmática: entre ausências e desafios**
Elisabetta Santoro

Ainda hoje - e não apenas no Brasil -, a pragmática encontra muita dificuldade e enfrenta desafios de várias ordens ao tentar integrar-se sistematicamente nos diferentes âmbitos do ensino. Para se ter uma ideia do que acontece no contexto nacional, basta procurar em currículos, programas ou livros didáticos para as escolas: é inevitável chegar à conclusão de que é muito restrito - ou inexistente - o espaço dedicado a essa dimensão da linguagem. A mesma situação se repete também nos cursos universitários, inclusive, de Letras. Um estudante médio sabe normalmente definir fonética, fonologia, morfologia, sintaxe e semântica, mas fica bastante perplexo se alguém pergunta o que é pragmática.

Trata-se, no entanto, de um componente essencial da competência linguística, com o qual temos constantemente que lidar em nossa vida cotidiana e que nos ajuda a entender melhor pelo menos dois aspectos da comunicação.

Para começar é preciso pensar que, quando falamos, não estamos apenas descrevendo o mundo, mas fazendo "coisas" com as palavras. A publicação do livro de John L. Austin *"How to do things with words"* (1962)[1], que saiu em português com o título "Quando dizer é fazer", marca o definitivo reconhecimento disso com a elaboração da teoria dos atos de fala. Se digo "Oi, tudo bem?", não estou apenas fazendo uma pergunta, mas cumprimentando alguém; se digo "Estou com calor", muito provavelmente não quero apenas descrever minha percepção da temperatura, mas, dependendo do contexto, pedir que alguém abra uma janela ou ligue um ventilador; se digo "Que saia bonita!", não quero apenas constatar a beleza de uma peça de roupa, mas elogiar quem a veste. Quando falo, estou, portanto, sempre agindo e transformando o mundo ao meu redor. Esse é o primeiro aspecto.

O segundo é o seguinte: é evidente que todas essas "coisas" podem ser feitas de maneiras diferentes e que, tendo consciência disso, podemos melhor interpretar nossos interlocutores e observar, para além do que se diz, como e por que se diz como se diz. Por que, por exemplo, alguém diz que está com calor no lugar de pedir para abrir a janela ou ligar o ventilador? Por que decidimos elogiar o nosso interlocutor

---

1   Essa obra e as outras (poucas) citadas neste texto estão também nas referências ao final do livro. Por isso, não serão incluídas aqui.

ou perguntar como está, antes de iniciar uma conversa? Ou, para citar só mais um dos tantos detalhes, por que, desde que somos crianças, sabemos que um pedido não deve ser feito sem usar "por favor" ou alguma outra fórmula que o valha? Ora, isso acontece porque seguimos as normas pragmáticas da língua e da cultura na qual vivemos e interagimos; porque há regras da dita cortesia ou polidez linguística, cujo objetivo é prioritariamente o de manter a harmonia nas relações sociais; porque existe um determinado grau de convencionalidade que determina o que (não) podemos dizer e como; porque queremos proteger nossa imagem social ou face, como a definiu Goffman, e evitar "riscos" desnecessários por meio de estratégias linguísticas baseadas, entre outras coisas, na indiretividade e no uso de implícitos.

Imaginemos agora o que acontece quando aprendemos uma nova língua e quando interagimos com pessoas que seguem normas pragmáticas distintas das nossas, possuem hábitos culturais diferentes ou têm estilos de comunicação e expectativas culturais que não (re)conhecemos. O risco que aconteça aquilo que Thomas (1983) chamou *pragmatic failure* ("falha pragmática" podemos dizer em português) está à espreita e é bem frequente não interpretar da forma correta os outros, não conseguir avaliar o contexto ou não saber exatamente o que é adequado dizer em certas situações.

Mesmo assim, também no âmbito do ensino e da aprendizagem de segundas línguas - por excelência, o "lugar do encontro" entre línguas e culturas -, o desenvolvimento da competência pragmática e a reflexão sobre a linguagem a partir dessa perspectiva ainda não constituem uma prioridade.

Quem se dedica a estudar pragmática se pergunta com frequência por que ela estaria ainda tão ausente do ensino. Entre os motivos, é mencionada, às vezes, a resistência em implementar mudanças nos currículos e nos programas de escolas e universidades ou então o fato de a pragmática, ao menos no Brasil, ter tido menos "popularidade" do que outras disciplinas. É possível atribuir essa ausência também à dificuldade de encontrar regras claras. De fato, em pragmática, os limites entre o que é certo e o que é errado são muito pouco definidos: podemos identificar tendências, apontar para algo que poderia ser mais apropriado em determinadas situações, mas, diferente do que acontece na gramática, é praticamente impossível afirmar categoricamente que algo se pode ou não dizer.

No ensino, isso exigiria uma maior interação entre pesquisadores, autores de material didático e professores. Acontece, no entanto, que i) as pesquisas oferecem indicações ainda parciais sobre a descrição da dimensão pragmática da interação falada; ii) são escassos os recursos didáticos e as atividades que se propõem o tratamento de questões pragmáticas; iii) é quase sempre inviável que os professores possam coletar individualmente material significativo e desenvolver de maneira autônoma percursos didáticos.

Para dar vida ao conteúdo deste livro, a autora fez tudo isso ao mesmo tempo. A pesquisadora, a criadora de material didático e a professora se uniram e, também por isso, o trabalho representa uma grande contribuição para aqueles que desejam conhecer melhor a relação entre a pragmática e o ensino, a partir do olhar de quem se dedica ao estudo desses temas e à sua experimentação, se perguntando o que ensinar nessa área e também como fazer isso.

Com efeito, se já não é trivial decidir o que ensinar, há também outro grande desafio que é: "como" ensinar pragmática. Deveríamos como professoras e professores utilizar abordagens de tipo explícito, isto é, dizer claramente aos nossos alunos o que é pragmática, quais são os aspectos da linguagem que estuda, quais fenômenos específicos devem observar? Ou seria melhor apenas mostrar exemplos que contêm esses fenômenos e esperar que os próprios aprendizes, de modo implícito, percebam, reconheçam e depois aprendam a usar determinadas estruturas de modo apropriado?

O objeto de ensino escolhido para este trabalho foi o ato de fala do pedido de desculpas, ao qual o livro dedica, entre outras coisas, uma longa seção com a revisão da literatura mais significativa sobre o tema, suscitando considerações mais amplas sobre a complexidade das relações humanas e as estratégias linguísticas que utilizamos.

Para refletir sobre o "como", foram necessárias muitas horas de estudo teórico, a elaboração de um articulado desenho de pesquisa, a elaboração do material didático e dos instrumentos para os testes, a experimentação e, por fim, a análise e a interpretação dos resultados para chegar ao formato que a leitora e o leitor vão encontrar aqui.

Acompanhei todas as etapas do desenvolvimento do estudo e pude, em virtude disso, testemunhar a paixão, o afinco e o rigor metodológico com que tudo foi feito, refletido, discutido. E com uma boa dose de coragem para enfrentar um tema complexo e aceitar o desafio de assumir tantos papéis ao mesmo tempo. Por tudo isso, o livro vai oferecer às pessoas interessadas no ensino de línguas a oportunidade de acompanhar os passos de uma pesquisa feita com competência e seriedade e de ter acesso aos resultados a que chegou.

Há um último ponto importante que, voluntariamente, menciono só ao final deste texto. O estudo contribui para diferentes contextos de ensino de uma segunda língua, mas tem também especificidades por ter sido realizado no Brasil, ensinando italiano a falantes de português brasileiro. Isso vai oferecer a quem atua aqui e, em especial, a quem ensina italiano a oportunidade de encontrar suas próprias dificuldades e de reconhecer suas próprias reflexões.

Desejo a todas, todos e todes uma proveitosa leitura!

*Elisabetta Santoro*

# INTRODUÇÃO

Falar uma nova língua é como entrar em um novo mundo, onde é possível, por meio da comunicação com "o outro", verdadeiramente, interagir e se relacionar com tudo que lhe pertence. Uma nova língua é um meio tanto de compreender uma nova cultura quanto de (re)conhecer aspectos que definem a própria cultura. E nesse processo, como muito bem colocam Phipps e Gonzales (2004), é possível entender melhor a diversidade supercomplexa da experiência humana e, como resultado, tornar-se mais profundamente humano.

Especialmente relevante no ensino e aprendizagem de línguas (LE/L2)[2] é a competência pragmática. Essencialmente,

---

2   Embora estejamos cientes sobre o crescente uso do termo "língua adicional", nesta pesquisa, optamos por utilizar "língua estrangeira" (LE), quando o contexto de ensino-aprendizado não é a comunidade em que se fala a língua-alvo; e "segunda língua" (L2), quando ensino-aprendizado ocorre na comunidade onde a língua-alvo é falada (LEFFA, 2016).

tal competência se refere à capacidade de realizar as escolhas linguísticas, tendo em vista o efeito que será gerado pelos enunciados e os elementos que, definidos por aspectos culturais, envolvem o contexto da interação.

Modelos teóricos mais recentes e revisados consideram a competência pragmática parte da competência comunicativa e seu conceito acaba se configurando de maneira mais clara também a partir dos estudos que se concentram no campo da Pragmática Interlinguística (ou *Interlanguage Pragmatics*), subárea da Pragmática responsável tanto por examinar o uso da língua por falantes não nativos quanto por investigar como os aprendizes desenvolvem a competência pragmática.

Um número crescente de pesquisas tem mostrado que o desenvolvimento da competência pragmática, além de necessário, pode, de fato, ser incluído na prática de ensino de línguas. Fenômenos da língua amparados pela Pragmática, assim como ocorre com os aspectos gramaticais, são ensináveis e, além disso, a instrução tem papel bastante importante nesse processo.

Diante de resultados que ratificam a relevância da instrução no ensino da pragmática, no decorrer dos anos, algumas pesquisas deram um passo adiante e se concentraram em verificar qual método poderia ser considerado mais eficaz. De um modo geral, esses trabalhos constataram a existência de diferenças entre abordagens de ensino que se configuram, essencialmente, como explícita ou implícita.

As investigações tendem a mostrar que a instrução explícita seria mais eficaz, entretanto, os resultados ainda não podem ser considerados conclusivos. Embora muitos desses trabalhos se baseiem nos mesmos pressupostos teóricos, as maneiras de operacionalizar os construtos variam, os instrumentos para coleta de dados não são sempre os mesmos e, por fim, há substanciais diferenças na duração da intervenção didática, o que impede que os resultados sejam efetivamente comparáveis. Além disso, existe uma quantidade maior de pesquisas realizadas com algumas línguas, entre as quais, sobretudo, o inglês, enquanto, para outras, o número de trabalhos é ainda bastante limitado.

Por entender a competência pragmática como um recurso essencial para a comunicação e, tendo em vista o número ainda pequeno de trabalhos que investigam, nesse sentido, o ensino da língua italiana, o objetivo principal desta pesquisa é examinar que tipo instrução didática se mostra mais eficaz no ensino da pragmática do italiano a estudantes brasileiros, dialogando com os estudos realizados na área. Para alcançar tal propósito, selecionamos, como objeto de ensino, o pedido de desculpas, especialmente por duas razões: primeiramente, porque é um dos atos de fala mais investigados no campo da Pragmática, sobretudo, cross-cultural, devido à sua particular sensibilidade às questões culturais; em segundo lugar, por ser um ato de fala muito comum na vida cotidiana, ao qual, portanto, os aprendizes podem frequentemente recorrer.

O estudo se organiza em quatro capítulos. No primeiro, começamos com uma breve apresentação da Pragmática Interlinguística, campo em que se enquadra esta investigação. Nessa parte, falamos da competência pragmática, observando como foi descrita desde os primeiros modelos de competência comunicativa até os estudos mais específicos sobre o tema, desenvolvidos, de fato, no âmbito da Pragmática Interlinguística. Passamos então ao ensino de línguas voltado ao desenvolvimento da competência pragmática, abordando questões relativas ao material didático e às instruções de ensino que podem ser adotadas. Na conclusão do capítulo, apresentamos alguns dos estudos desenvolvidos nos últimos anos, que se dedicaram a analisar a eficácia relativa a diferentes tipos de instrução. Além dos resultados, essas pesquisas ajudam a entender como investigações com tal propósito têm sido desenvolvidas.

No segundo capítulo, nos dedicamos ao pedido de desculpas: o ato de fala escolhido como objeto de ensino para o desenvolvimento da pesquisa. Primeiramente, apresentamos as características desse ato pela perspectiva da Teoria dos Atos de Fala. Em seguida, descrevemos algumas de suas funções e nos detemos sobre aquela que mais nos interessa que é a de "ação reparadora". Dando continuidade, abordamos como, na realização de um pedido de desculpas, pode se configurar a relação entre falante e ouvinte e como podem ser caracterizadas as ofensas. Na sequência, damos atenção especial às formas como o pedido de desculpas vem sendo descrito por estudos que trataram do tema. Por fim, mostramos as possíveis respostas a um pedido de desculpas e como podem incidir na realização do ato.

No terceiro capítulo, é apresentada a metodologia da pesquisa, adotada tanto no processo de coleta quanto na análise dos dados. Na primeira parte, seguem informações sobre participantes, instrumentos de coleta de dados e material didático elaborado para a realização dos tratamentos. Com base nos estudos que nos orientam durante toda a investigação, elucidamos, então, como se configura, para os fins deste trabalho, a instrução de ensino de tipo explícito e de tipo implícito e como se realizaram as aulas com cada uma das abordagens. Na segunda parte do capítulo, mostramos as categorias definidas a partir do *corpus* coletado e o instrumento utilizado para a análise, que se deu tanto pelo viés quantitativo quanto qualitativo.

No quarto e último capítulo, são apresentados os resultados. A partir dos cálculos estatísticos, após a exposição do resultado geral, verificamos se e em que medida os diferentes tipos de instrução de ensino causaram efeitos na produção dos informantes quando comparados os dados coletados no pré e no pós-teste. Buscamos também mostrar de maneira mais detalhada as estratégias utilizadas pelos grupos experimentais. Com base nesses dados, verificamos se é possível encontrar diferenças, do ponto de vista qualitativo, nas escolhas dos grupos e traçar tendências de "comportamento" preferenciais em cada grupo.

O livro se encerra com as considerações finais e com os principais resultados encontrados durante a investigação.

# CAPÍTULO 1

## O DESENVOLVIMENTO DA COMPETÊNCIA PRAGMÁTICA NAS AULAS DE LÍNGUA

## 1.1. Pragmática Interlinguística: aquisição e uso de uma segunda língua

A Pragmática Interlinguística (doravante ILP[3]), como pode se observar pelo nome, é um campo híbrido, que compreende tanto a Pragmática – domínio da Linguística responsável pelos fenômenos e efeitos da língua em uso[4] – quanto as pesquisas em aquisição de segundas línguas, especificamente centrados na interlíngua. Por observar fenômenos da interlíngua, a ILP se caracteriza também como um estudo pertencente ao campo da Aquisição de Segundas Línguas (*Second Language Acquisition* ou SLA), cujo objetivo geral é verificar padrões no processo de aquisição de LE/L2 ao longo do tempo.

---

[3] Neste estudo, aos nos referirmos à Pragmática Interlinguística, optamos por utilizar a sigla ILP (que corresponde ao termo inglês *InterLanguage Pragmatics*), amplamente utilizada na literatura sobre o tema.

[4] Cfr. Crystal (2008).

Kasper & Dahl (1991, p. 216) definem a ILP como o campo responsável pelas pesquisas que investigam a "compreensão e produção de atos de fala por falantes não nativos (NNSs) e como tal conhecimento relacionado a L2 é adquirido."[5] Entretanto, conforme vem apontado por Kasper & Schmidt (1996, p.150), diferentemente do que ocorreu com outras áreas da SLA, as primeiras pesquisas da ILP se concentraram não sobre o processo de aquisição da pragmática em LE/L2, mas sobre como "o conhecimento pragmalinguístico e sociopragmático de falantes não nativos difere do conhecimento de falantes nativos e entre aprendizes com diferentes origens linguísticas e culturais."

Segundo levantamento feito por Taguchi (2017), os estudos da ILP se enquadram, basicamente, em três perspectivas, que podem ser observadas também em sua sucessão cronológica: i) cross-cultural; ii) de aquisição, e iii) de instrução. Na perspectiva cross-cultural (ou contrastiva), estão os estudos que, embora não investiguem diretamente a aquisição, trouxeram contribuições consistentes para o campo, uma vez que, a partir das análises comparativas, buscaram identificar, entre outros aspectos, semelhanças e diferenças no comportamento linguístico dos grupos e entender casos de *transfer* pragmático, que pudessem causar problemas na comunicação. Na segunda perspectiva, desenvolvida após as

---

5  Exceto quando indicado, todas as traduções presentes no livro são de nossa autoria. Por uma questão de espaço e para que o texto possa fluir melhor, as citações originais serão apresentadas somente quando forem indispensáveis.

críticas manifestadas por estudiosos da área[6], estão os trabalhos que se voltaram mais ao processo de aquisição dos aspectos pragmáticos da língua. Trata-se de estudos longitudinais, que tinham como propósito principal observar, por um determinado período, o desenvolvimento dos estudantes, para então identificar padrões de aprendizado nos diversos estágios da aquisição da pragmática[7]. Por fim, juntamente com as pesquisas longitudinais, começaram também estudos, que se inserem na terceira perspectiva da ILP, cujo foco é a instrução (*instruction*). Tais trabalhos têm, basicamente, a prática de ensino como variável a ser analisada na aquisição e observam, portanto, quais fatores da prática didática podem influenciar esse processo.

A evolução das pesquisas inseridas no âmbito da ILP acabou por influenciar a maneira como o campo é descrito pelos pesquisadores. Alguns estudiosos, por exemplo, não descartam que dentro da ILP estejam situadas tanto investigações com falantes não nativos – o que, de fato, configura a área como um ramo da SLA – quanto trabalhos sobre fenômenos interculturais, relacionados, inclusive, a falantes nativos. Nessa perspectiva, segundo Kasper & Blum-Kulka (1993), seriam enquadradas investigações sobre migrantes, falantes competentes em dois idiomas, que podem criar um estilo de fala distinto dos padrões predominantes nas duas línguas; pesquisas sobre o comportamento pragmático das

---

6  Além de Kasper & Schmidt (1996), cfr. também Kasper (1992) e Bardovi-Harlig (1999).

7  Exemplos de estudos longitudinais foram desenvolvidos por Schmidt (1983) e Ellis (1992).

populações de migrantes através das gerações; investigações sobre falantes não nativos altamente proficientes, que incorporam características específicas da L2, não seguindo mais apenas as normas da língua materna. A ILP pode ser também considerada como uma área que abrange tanto investigações sobre o uso da LE/L2, quanto estudos que verificam como as capacidades de compreender e realizar ações na LE/L2 se desenvolvem. Partindo dessas considerações, Kasper & Rose (2002, p. 5) trazem a seguinte afirmação:

> Enquanto **estudo do uso** da segunda língua, a Pragmática Interlinguística examina como os falantes não nativos **compreendem e produzem ação em uma língua-alvo**. Enquanto **estudo da aprendizagem** de uma segunda língua, a Pragmática Interlinguística investiga como os alunos de L2 **desenvolvem a habilidade de compreender e realizar ações em uma língua-alvo**. (Grifos nossos)

A ILP pode ser considerada, dessa forma, um campo de domínio amplo, cuja definição é moldada a partir dos fenômenos que estão sendo observados. A definição de Kasper & Rose (2002) parece bastante propícia para situar este trabalho, tendo em vista que o objetivo principal do estudo é, de fato, observar a produção linguística de estudantes brasileiros em italiano. Além disso, considerando as três perspectivas dos estudos desenvolvidos no âmbito da ILP, a pesquisa aqui apresentada se configura como de tipo instrucional, uma vez que busca verificar de que maneira a prática didática interfere no ensino voltado ao desenvolvimento da competência pragmática dos alunos.

## 1.2. O que é a competência pragmática

### 1.2.1. A competência pragmática nos modelos de competência comunicativa

A competência pragmática (doravante CP) é parte da chamada competência comunicativa (doravante, CC), cujos modelos de referência foram desenvolvidos a partir de concepções sobre o uso da língua originalmente apresentadas por Hymes (1972). Em seu trabalho "*On Communicative Competence*", o autor instaura a ideia de que para a comunicação ser bem-sucedida, o falante deve conhecer não só as regras formais da língua, mas também os aspectos socioculturais do contexto interacional. Embora tenha se concentrado no processo de aquisição da língua materna, o texto de Hymes é bastante citado por estudiosos que, percebendo a defasagem dos métodos de ensino de LE/L2 predominantes daquele período, buscaram propor, simultaneamente ao desenvolvimento da dita abordagem comunicativa, um modelo de CC.

Voltados especificamente ao contexto de ensino e aprendizagem de língua estrangeira, Canale & Swain (1980) discutem as ideias de Hymes (1972) e publicam aquele que foi considerado o primeiro modelo de CC. Os autores propõem, de forma um pouco mais abrangente, subdividir os componentes da CC em: competência gramatical, competência sociolinguística e competência estratégica. Não há, nesse estudo, nenhuma menção específica à CP, nem tampouco à necessidade dessa competência para uma comunicação eficaz.

Contudo, é interessante observar como os autores descrevem a competência sociolinguística. Para eles:

> Esse componente é formado por dois conjuntos de regras: **regras socioculturais de uso e regras de discurso**. O conhecimento dessas regras será crucial na interpretação de enunciados em seu significado social, particularmente quando houver um baixo nível de transparência entre o **significado literal de um enunciado e a intenção do falante**. (CANALE & SWAIN, 1980, p. 30, grifos nossos)

Para os estudiosos, como pode ser observado, ter competência sociolinguística significa ser capaz de reconhecer regras, tanto socioculturais quanto do discurso. Saber "manejar" tais regras resulta em uma maior compreensão do que está sendo comunicado, inclusive, quando parece haver grandes diferenças entre o "significado literal" do enunciado e aquilo que chamam "intenção do falante".

Investigar o funcionamento "[d]aquilo que é dito além do que é dito", ou seja, a relação entre "significado literal" das expressões e "intenção dos falantes" é bastante frequente no campo da Pragmática, uma vez que se refere diretamente a fenômenos como indiretividade ou implicaturas conversacionais, os quais exigem um nível maior de inferência por parte do interlocutor. Assim, pode-se perceber que, embora no primeiro modelo de CC não haja um espaço para a CP, aspectos da língua que deveriam ser amparados por esse campo não deixam de ser mencionados.

Alguns anos depois, Canale (1983) revê o modelo, elaborado com Swain, e sugere uma nova subdivisão para a CC, inserindo, junto dos componentes já existentes, o que chama de "competência discursiva". Focalizando novamente aquilo que é, conforme o autor, amparado pela competência sociolinguística, nesse estudo, encontra-se a seguinte descrição:

> A competência sociolinguística aborda, assim, até que ponto a expressão é produzida e entendida adequadamente em diferentes contextos sociolinguísticos, dependendo de fatores contextuais como o status do participante, os objetivos da interação e as normas ou convenções de interação. A adequação de enunciados refere-se tanto à adequação do significado quanto à adequação da forma. A adequação do significado diz respeito à extensão em que determinadas funções comunicativas (**por exemplo, comandar, reclamar e convidar**), atitudes (**incluindo polidez e formalidade**) e ideias são julgadas apropriadas em uma determinada situação. (CANALE, 1983, p. 7, grifos nossos)

Novamente, no modelo de CC elaborado por Canale (1983), não está explicitamente incluída a CP. Contudo, ao falar de "adequação do significado", o estudioso faz menção a "funções comunicativas" que, por sua vez, são representadas, como destacado, por atos de fala ("por exemplo, comandar, reclamar e convidar"). Além disso, seguindo as ditas "funções comunicativas", estão as "atitudes", exemplificadas com a "polidez". Assim, embora a CP continue não aparecendo no novo modelo teórico de CC, a realização de atos de fala e os fenômenos da polidez – objetos de estudo indiscutivelmente tratados pela Pragmática – são mencionados.

Cabe ainda apontar que, para exemplificar um caso de inadequação causada pela falta de competência sociolinguística,

Canale sugere uma situação em que "um garçom em um restaurante **ordena** que um cliente peça um determinado item do cardápio" (CANALE, 1983, p.7, grifo nosso). O problema, nesse exemplo, está claramente ligado à falta de condições contextuais para que uma ordem seja realizada, ou seja, não é possível que um interlocutor (o garçom) realize uma ordem, se não há uma condição de hierarquia que o permita agir dessa forma. Tal fenômeno é bastante tratado pela Teoria dos Ato de fala. Para Austin (1962), por exemplo, uma ordem poderia representar um caso de "desacerto", caso o ouvinte não reconheça a autoridade do falante e/ou o falante não tenha a autoridade necessária que lhe consinta a realização desse ato. Na mesma direção, Searle (1979) afirma que, para o proferimento de uma ordem, é essencial uma regra preparatória que atribua ao falante uma posição de autoridade em relação ao ouvinte. Sbisà (1989), por sua vez, concorda tanto com Austin quanto com Searle e ressalta que, para o proferimento de uma ordem, é essencial que o falante esteja em uma posição que, de fato, lhe confira o exercício do poder.

Por fim, ao enfatizar a importância da prática didática no desenvolvimento de competências que vão além da gramatical, Canale (1983) menciona, entre outros, um estudo de Blum-Kulka (1980), que foca na contribuição que a Teoria dos Atos de Fala pode dar para a aquisição de uma segunda língua. Nesse trabalho, a pesquisadora fala sobre a CP, definindo-a da seguinte maneira:

> Minha noção de 'competência pragmática' refere-se a algumas das regras de uso, regras do discurso e estratégias de comunicação, listadas nas competências

'sociolinguística' e 'estratégica' de Canale e Swain (1980, 31). O termo competência pragmática é necessário para se referir àquelas regras de uso e estratégias de comunicação, que não são específicas de cada língua ou que são concebidas dessa maneira pelos aprendizes de uma segunda língua. (BLUM-KUKA, 1980, p.48)

Tanto os trabalhos de Canale quanto a descrição apresentada por Blum-Kulka indicam que, embora elementos da Pragmática sejam considerados essenciais para a comunicação, não há espaço para a CP nos primeiros modelos teóricos de CC. Além disso, esses estudos também apontam para a falta de clareza sobre os elementos que deveriam ser tratados pela CP e aqueles que se referem à competência sociolinguística.

Tais discrepâncias podem ser justificáveis, sobretudo por duas razões. Primeiramente, o não reconhecimento da CP como parte dos primeiros modelos de CC pode ser resultado da dificuldade em se assumir a Pragmática como domínio da Linguística e entender quais fenômenos da língua estariam amparados por esse campo do saber. Enquanto a Sociolinguística já estava sendo amplamente teorizada quando se começa a buscar um modelo de CC, a Pragmática, por se tratar de um campo relativamente novo, estava ainda sendo negligenciada sobretudo no contexto de ensino de LE/L2. Em segundo lugar, ambos os campos se ocupam da língua em uso e dão, portanto, especial atenção aos elementos do contexto interacional[8]. Desse modo, tanto para a Pragmática

---

8   Nesse sentido, concordamos com Frangiotti (2019) que, por observar diferentes instruções de ensino para o desenvolvimento da competência sociolinguística, apresenta um arcabouço teórico sobre a disciplina.

quanto para a Sociolinguística, a língua não é submetida a avaliações de tipo "certo ou errado", mas é observada a partir de uma escala que pode variar do completamente adequado ao completamente inadequado.

Outros estudos que permitem observar de que forma a CP foi abordada nos primeiros modelos de CC foram publicados por Celce-Murcia *et al* (1995) e Celce-Murcia (2007). Na primeira publicação, baseada nos já mencionados modelos de Canale & Swain (1980) e Canale (1983), além das quatro competências apresentadas nos trabalhos precedentes (gramatical, sociolinguística, estratégica e discursiva), os autores, com algumas modificações terminológicas, inserem a competência acional, que se refere basicamente à capacidade de transmitir e compreender intenções comunicativas. Já na revisão publicada em 2007, a estudiosa traz novos componentes e subdivisões. A competência acional, agora junto das competências conversacional e não-verbal/paralinguística, é colocada como um dos itens que compõem a subdivisão, denominada pela autora competência interacional. Além disso, é inserida nesse novo modelo teórico a competência formulaica, descrita como "blocos de linguagem fixos e pré-fabricados que os falantes usam muito nas interações do dia-a--dia" (CELCE-MURCIA, 2007, p. 47).

Assim como no estudo de 1995 também no modelo de 2007 não há qualquer componente que se refira diretamente à CP. Contudo, elementos que são amparados pelo campo permeiam as muitas subdivisões propostas. Na publicação de 2007 – revisão da proposta publicada anteriormente – observa-se de modo explícito fenômenos da língua em uso que poderiam pertencer à CP sobretudo nas ditas competências sociocultural e interacional. Segundo Celce-Murcia (2007), a "competência sociocultural refere-se ao **conhecimento pragmático do falante**, ou seja, como expressar mensagens de forma adequada dentro do contexto social e cultural geral de comunicação" (p.46, grifos nossos). Em seguida, definindo a competência interacional, especificamente em sua subdivisão dita acional, a autora afirma que se trata da capacidade do falante de realizar atos de fala e conjuntos de atos de fala na língua-alvo e, retomando o trabalho de 1995 para descrevê-la com mais detalhes, acrescenta que está "estritamente relacionada à 'pragmática interlinguística'" (CELCE-MURCIA *et al*, 1995, p.17).

Embora tenha elaborado um modelo demasiadamente fragmentado e com referências nítidas aos elementos amparados pela Pragmática, Celce-Murcia não estabelece a CP como integrante da CC em seus estudos. Tendo em vista que, conforme mencionado, os trabalhos da estudiosa foram desenvolvidos com base nos primeiros modelos teóricos de CC, pode-se inferir que a falta de espaço para a CP se dê pelos mesmos motivos que sugeridos quando descritos os estudos de Canale: em primeiro lugar, a CP não é considerada devido à dificuldade em se assumir a Pragmática como um campo da Linguística; em segundo lugar, atribuir elementos da língua em uso a diferentes campos poderia ser resultado da falta de clareza sobre o que, de fato, deve entrar no âmbito da Pragmática.

O primeiro modelo de CC de Lyle Bachman foi desenvolvido juntamente com Adrian Palmer e publicado em 1982.

Voltados a questões inerentes à proficiência linguística, nesse trabalho, os estudiosos realizaram uma série de testes, dos quais resultou uma base metodológica que dividiu a CC em três componentes, a saber: a competência linguística, a competência sociolinguística e a competência pragmática. No estudo de Bachman & Palmer (1982), diferentemente dos modelos de CC elaborados até então, havia uma subdivisão específica para a CP que, segundo os autores, trata da "capacidade de expressar e compreender mensagens e inclui as subáreas vocabulário, coesão e organização ou coerência" (p. 450). Acrescentar o vocabulário como subárea da CP e não da competência gramatical, segundo os estudiosos, provém de suas observações frequentes sobre alguns falantes não-nativos que, mesmo com pouca (ou nenhuma) competência gramatical, são capazes de manter alguma comunicação significativa.

É bastante nítido, entretanto, que o conceito de CP nesse trabalho é relativamente incipiente. Com o andamento de seus estudos, os autores retomam o modelo de CC e percebem que, de fato, tanto o vocabulário quanto os elementos responsáveis pela coesão e pela organização discursiva poderiam, diferentemente do que foi proposto, pertencer à competência gramatical. Desse modo, fenômenos da língua relativos às competências pragmática e gramatical fariam parte de um mesmo componente, o qual se diferenciaria somente da competência sociolinguística.

Alguns anos depois, ainda voltado à importância de estabelecer bases teóricas sólidas para a elaboração e uso de testes para mensurar a proficiência linguística, Bachman (1990) apresenta um trabalho mais elaborado, onde sugere um modelo de CC mais consistente. O linguista reconhece que o uso da língua para a comunicação envolve tanto o conhecimento linguístico quanto a capacidade de implementar tal conhecimento. Ao explorar pesquisas anteriores sobre o tema, Bachman afirma a necessidade de "uma concepção ampliada de proficiência linguística, cuja característica distintiva é o reconhecimento da importância do contexto além da frase para o uso apropriado da língua" (BACHMAN, 2003, [1990], p.82).

Para o autor, a CC – a qual denomina Habilidade Comunicativa da Linguagem (HCL) – refere-se ao "uso comunicativo da língua, de modo apropriado e contextualizado" (BACHMAN, 2003 [1990], p.84). Nesse modelo, tal habilidade inclui a competência linguística, a competência estratégica e os chamados mecanismos psicofisiológicos. A CP é aqui redefinida, em relação ao trabalho de Bachman & Palmer (1982), e inclui as "habilidades relacionadas às funções que são realizadas através do uso da língua" (BACHMAN, 2003 [1990], p.87). Desse modo, para definir a CP, o autor primeiramente revê os fenômenos amparados pela Pragmática e assume que esse campo da Linguística se interessa

> pelas relações entre os enunciados e os atos ou funções que os falantes (ou escritores) pretendem concretizar através desses enunciados, o que pode ser chamado de força ilocucionária dos enunciados, e as características do contexto de uso da língua que determinam a adequação dos enunciados. (BACHMAN, 2003 [1990], p.93)

Bachman então subdivide a CP em competência ilocucionária e competência sociolinguística. A primeira é completamente embasada nos conceitos de ato locutório, ilocutório e perlocutório, apresentados pelas teorias dos atos de fala. Assim, o estudioso descreve que "a competência ilocucionária é usada tanto para expressar a linguagem requerida por certa força ilocucionária quanto para interpretar a força ilocucionária da linguagem" (BACHMAN, 2003 [1990], p. 96). A competência sociolinguística, por sua vez, "consiste na sensibilidade para as convenções de uso da língua que são determinadas por aspectos do contexto específico de seu uso, ou de seu controle; ela nos habilita a desempenhar funções da linguagem de maneiras apropriadas àquele contexto" (BACHMAN, 2003 [1990], p.101). Nesse âmbito, Bachman coloca também a "sensibilidade às diferenças de dialeto ou variedade, às diferenças de registro e à naturalidade e, ainda, à habilidade de interpretar referências culturais e figuras de linguagem" (p.101). Dessa maneira, pode-se afirmar que no modelo de Bachman (2003 [1990]), desenvolvendo a CP, o falante se torna capaz de usar a língua para expressar e compreender um amplo conjunto de funções que pode ter um enunciado e, além disso, reconhecer a adequação de tais funções conforme os aspectos socioculturais e o contexto que envolve a interação.

Em relação aos estudos precedentes, o modelo de Bachman é mais completo e, sobretudo, mais promissor no que tange ao papel da CP como integrante da CC. Diferentemente do que ocorre com as publicações anteriores sobre o tema, nesse trabalho, observa-se, em primeiro lugar, que a Pragmática é reconhecida como o campo que trata das relações entre enunciado, força ilocutória e adequação, conforme os elementos do contexto interacional. A partir dessas considerações, assume-se, portanto, a habilidade de operar tais fenômenos como uma competência específica – a CP –, fundamental para o desenvolvimento de uma competência linguístico-comunicativa maior.

## 1.2.2. A competência pragmática nos estudos da Pragmática Interlinguística

No decorrer dos anos, com a expansão dos trabalhos desenvolvidos no âmbito da ILP, a ideia de CP acabou se reconfigurando e melhor se adequando aos estudos cujo foco principal é o desenvolvimento de tal habilidade. Aspectos fundamentais para uso da língua, pertencentes ao campo da Pragmática e a capacidade de entender "o que é dito além do que é dito", foram mais bem descritos como parte dessa competência. No trabalho de Bialystock Bialystock (1993, p. 43), por exemplo, se diz que:

> A competência pragmática envolve uma variedade de habilidades relacionadas ao uso e interpretação da linguagem em contextos. Inclui a habilidade dos falantes de usar a língua para diferentes propósitos – pedir, instruir, efetuar mudanças. Inclui a capacidade do ouvinte de ultrapassar o idioma e compreender as reais intenções do falante, especialmente quando essas intenções não são transmitidas diretamente nas formas – pedidos indiretos, ironia e sarcasmo são alguns exemplos. Inclui o domínio das regras pelas quais os enunciados são amarrados para criar o discurso.

Ser capaz de entender não só o que é dito literalmente, mas também as verdadeiras intenções do falante, é um aspecto importante da CP, segundo o conceito apresentado no livro *"Teaching and learning pragmatics: where language and culture meet"* de Ishihara & Cohen (2010). Nesse estudo, os autores buscam mostrar a estreita relação entre pragmática e cultura na interação humana, ressaltando a importância de tal vínculo no processo de ensino e aprendizagem de LE/L2. Na introdução do trabalho, Cohen se concentra em discutir termos frequentemente utilizados no campo de ensino da pragmática em LE/L2 e, no que concerne à CP, o autor afirma que ter tal habilidade "significa ser capaz de ir além do significado literal do que é dito ou escrito, a fim de interpretar significados, suposições, propósitos ou objetivos pretendidos e os tipos de ações que estão sendo executadas" (COHEN, 2010, p.5).

Além de uma habilidade que permite que o falante vá além do significado literal dos enunciados, nos estudos da ILP, a CP é também apresentada de forma mais sistematizada como a capacidade de reconhecer tanto as estruturas linguísticas de uma língua quanto os elementos do contexto interacional que indicam qual dentre tais estruturas deve ser utilizada na interação. Em seu estudo sobre o tema, Rose (1997, p. 271) traz essa definição, a partir da seguinte afirmação:

> (...) a competência pragmática consiste em (pelo menos) dois componentes: conhecimento de um sistema pragmático e conhecimento de seu uso apropriado. O primeiro fornece uma gama de opções linguísticas disponíveis para os indivíduos realizarem vários atos,

enquanto o último permite que eles selecionem a escolha apropriada para um determinado objetivo em um ambiente específico.

O conceito de CP apresentado pelo autor é bastante difundido e se alinha diretamente com a definição de Pragmática trazida por Leech (1983). Para esse estudioso, tal campo da Linguística se subdivide em dois componentes: a sociopragmática e a pragmalinguística. A primeira é a interface sociológica da Pragmática e, sendo assim, refere-se aos aspectos sociais interpretados e realizados pelos falantes durante o ato comunicativo. Já a pragmalinguística, como o nome denota, diz respeito à interface entre Pragmática e Linguística e ampara, dessa forma, os recursos linguísticos disponíveis para a realização dos enunciados (atos de fala diretos ou indiretos, modificadores linguísticos, expressões formulaicas etc.).

Nesse mesmo sentido, a CP é também apresentada no trabalho de Nuzzo & Gauci (2012), de especial interesse para nós, visto que as autoras relatam experiências de ensino da pragmática em língua italiana (LE/L2). No quadro teórico que fundamenta as pesquisas apresentadas, Nuzzo afirma que:

> (...) aprender a gramática e o léxico de uma língua não é suficiente para saber usá-la de modo eficaz. O conhecimento de uma língua inclui também a capacidade de operar escolhas em relação ao contexto comunicativo em que se encontra. Essa capacidade, que chamamos competência pragmática, pressupõe, de um lado, o **conhecimento das normas sociais** que regulam o agir linguístico em determinada cultura, de outro, o **conhecimento das formas linguísticas** associadas às múltiplas

manifestações do agir linguístico naquela mesma cultura (...) (p. 23, grifos nossos).

A definição de CP dada por Nuzzo se revela bastante completa e abrangente. A partir da sua colocação, verifica-se que, para a autora, a CP contempla tanto o conhecimento sociopragmático (normas sociais) quanto o pragmalinguístico (formas linguísticas). Além disso, nessa proposta, faz parte da CP a capacidade de operar escolhas, conforme as normas sociais que regem o contexto interacional. Por fim, cabe ainda destacar que Nuzzo, ao mencionar que somente o ensino da gramática e do léxico não é suficiente para uma comunicação eficaz, aponta para os aspectos da linguística que são, de fato, mais frequentemente abordados nas aulas de LE/L2. O ensino da CP, diferentemente do que ocorre com a gramática e o léxico, ainda é algo recente e relativamente complexo, tendo em vista as características dessa dimensão da linguagem.

## 1.3. O desenvolvimento da competência pragmática em sala: uma questão central para a Pragmática Interlinguística

Como apontado na seção anterior, a CP se refere ao conhecimento do falante sobre os aspectos sociopragmáticos e pragmalinguísticos de determinada língua e cultura e, além disso, à sua capacidade de operar tais conhecimentos tendo em vista o contexto da interação. Trata-se, portanto, de uma competência indispensável para a comunicação eficaz.

Entre tantos outros problemas de comunicação, o desconhecimento ou uma inadequada utilização das normas de uma língua e cultura podem levar o falante a cometer as ditas "falhas pragmáticas" (*pragmatic failures*), ou seja, quando o falante utiliza normas sociais de uma cultura em uma situação em que normas sociais de outra cultura seriam mais adequadas[9]. Ou ainda, simplesmente, quando o falante deixa de seguir ou considerar regras sociais relevantes para uma interação eficaz em determinado grupo linguístico. Conforme Thomas (1983), uma falha desse tipo ser classificada como pragmalinguística ou sociopragmática. A primeira ocorre quando a força ilocutória de determinado enunciado é diferente daquela que lhe seria mais frequentemente atribuída, ou quando ocorre o *transfer* inadequado de estratégias de realização de atos de fala da L1 para a LE/L2. Nesse sentido, poderíamos citar a realização de pedidos muito diretos, quando o contexto (ou aquilo que está sendo pedido) exige estratégias de mitigação ou cortesia (como *só por um segundo*; *por favor* etc.). A segunda, por sua vez, diz respeito a julgamentos incompatíveis sobre elementos que permeiam o contexto da interação, como: grau de imposição, relação custo/benefício de um ato de fala, distância social ou o reconhecimento de direitos e deveres dos interlocutores. Nessa perspectiva, pode-se voltar ao exemplo do garçom que dá uma **ordem** ao cliente ou, mencionar também, o caso de um funcionário que **exige** do seu superior que um trabalho seja concluído. Uma falha pragmática, portanto, pode ser considerada um problema mais grave do que um erro gramatical, uma vez

---

9   Cfr. Riley (1989).

que pode trazer constrangimentos e até mesmo ofensa durante o ato comunicativo. Além disso, conforme Barron (2003), diferentemente dos erros gramaticais, as falhas pragmáticas são geralmente atribuídas não à falta de competência comunicativa do falante, mas à sua índole, ao seu caráter, o que pode resultar em problemas graves na relação entre os interlocutores.

Tendo em vista o quanto a CP é essencial para a comunicação, é pouco aceitável pensar a prática de ensino de línguas (LE/L2) sem o ensino da pragmática e sem, por consequência, considerar o desenvolvimento dessa competência. É importante notar que um falante adulto já detém uma considerável quantidade de conhecimento pragmático da sua própria língua. Isso inclui a compreensão dos princípios que regem a troca de turnos, o uso de expressões formulaicas específicas para determinadas circunstâncias (como iniciar e encerrar uma interação), a realização de determinados atos de fala etc. Tendo em vista que parte desse conhecimento pode, em alguma medida, ser considerado universal, muitos aspectos pragmáticos poderiam, portanto, ser transferidos para a língua alvo sem muito esforço. Entretanto, de acordo com Kasper (1997), esse movimento não ocorre com tanta naturalidade, ou seja, não é sempre que os falantes recorrem às estratégias universais ou transferem seus conhecimentos pragmáticos disponíveis para outras línguas. Portanto, a intervenção didática acaba sendo essencial no desenvolvimento da CP, não necessariamente para fornecer aos aprendizes novas informações, mas, sobretudo, para torná-los conscientes daquilo que sabem e encorajá-los a usar na língua alvo seu conhecimento pragmático universal ou transferível.

Nesse mesmo estudo, ao analisar uma série de trabalhos publicados entre os anos 1980 e 1990 que se empenharam em investigar se realmente a pragmática pode ser ensinada na LE/L2, Kasper enfatiza três aspectos importantes. Em primeiro lugar, os aprendizes que receberam instrução, quando comparados com aqueles que não foram submetidos a esse processo, mostram uma vantagem no desenvolvimento da CP. Um segundo resultado é que a CP dos aprendizes melhora independentemente da abordagem de ensino adotada para esse fim. Por último, os estudos demonstraram que a pragmática pode ser ensinada desde os níveis básicos da aprendizagem de línguas (LE/L2).

Os apontamentos da estudiosa são confirmados pelo estado da arte publicado por Taguchi (2015), que faz um levantamento mais recente e detalhado sobre pesquisas publicadas a partir da década de 1990, desenvolvidas com o intuito de ensinar a pragmática em LE/L2[10]. Os resultados, nesse caso, também revelaram que a maioria dos aspectos pragmáticos da língua é, de fato, ensinável, o que significa que o tratamento didático ajuda a impulsionar o desenvolvimento dessa competência.

Diferentemente das estruturas gramaticais, entretanto, que podem ser ensinadas por meio de regras, o ensino da pragmática enfrenta diversos desafios. Tendo em vista que seus elementos estão estreitamente relacionados à cultura de determinada língua e ao contexto da interação, é complexo

---

10   Nesse estudo, Taguchi (2015) encontrou 58 pesquisas em seis línguas: 38 em inglês, quatro em espanhol, nove em japonês, três em francês, duas em alemão e duas em chinês.

estabelecer normas ou identificar um único modelo de referência para os fenômenos da língua em uso. Seria pouco praticável, por exemplo, apresentar a um estudante de línguas uma regra específica e fixa sobre quando é adequado realizar um elogio, ou qual é a forma mais apropriada para se fazer um pedido a uma pessoa desconhecida. Como mencionado, voltamos a enfatizar: enquanto o uso de regras gramaticais pode ser avaliado como "certo" ou "errado", as normas pragmáticas devem ser submetidas a uma escala de adequação que, considerando o contexto interacional, pode variar entre "completamente adequado" e "completamente inadequado" (SANTORO & NASCIMENTO-SPADOTTO, 2020).

Sendo assim, para uma prática de ensino que abranja os aspectos pragmáticos da língua de maneira sistemática e vise ao desenvolvimento dessa competência, é necessário reconsiderar elementos que tradicionalmente compõem o contexto pedagógico, como: material didático, tipo de atividade e instrução de ensino. Esses componentes serão explorados mais detalhadamente nas próximas seções.

1.3.1 O ensino da pragmática nas aulas de língua: que material utilizar?

— *O papel do livro didático no ensino de línguas*

Embora o questionamento, nesta seção, seja "que material utilizar", começamos a falar sobre material didático para o desenvolvimento da competência pragmática partindo de uma ideia oposta: o que não utilizar!

Ao se falar de material de ensino de línguas LE/L2, não se pode deixar de reconhecer que, mesmo com a difusão do acesso à Internet e a facilidade do uso de outras tecnologias, o livro didático (doravante LD) ainda ocupa um papel central nesse contexto. Não são raros, inclusive, contextos em que o LD corresponda "à única fonte de consulta e de leitura dos professores e dos alunos" (CORACINI, 1999, p. 17). No entanto, estudos desenvolvidos em diversos âmbitos de ensino mostram que os manuais apresentam uma série de problemas e limitações que tangem tanto à maneira como formas da língua são abordadas quanto a aspectos culturais que caracterizam outras sociedades.

A esse propósito, é válido mencionar a pesquisa realizada por Landulfo (2019), sobre os LDs de italiano mais consumidos no Brasil. A autora buscou verificar se e, em que medida, as variedades da língua italiana e as diferentes comunidades de falantes do idioma são representadas nesses materiais. Para atingir seus objetivos, estabeleceu quatro categorias:

i. Pluralidade linguístico-cultural
ii. Família
iii. Gênero
iv. Raça e etnia

Nos resultados, salvo raras exceções, a autora observa, primeiramente, que não há espaço nos LDs de italiano para comunidades de falantes da língua que se encontram fora da Itália. Quanto à "família", verificou que tal categoria é representada praticamente sempre com os mesmos elementos, bastante tradicionais e que não englobam a ampla variedade de estrutura familiar existente nas mais diversas sociedades: pai, mãe e dois filhos. Em relação ao "gênero", constatou que às mulheres e aos homens são atribuídos papéis sócio-historicamente pré-definidos para cada gênero, ou seja, a mulher sempre o lugar de quem cuida, até mesmo no âmbito profissional, aos homens profissões de prestígio social, cargos de liderança. Por fim, sobre a categoria "raça e etnia", a pesquisadora percebeu que pessoas negras são majoritariamente colocadas em posições subalternas, exercendo sempre profissões de menor prestígio social.

Embora não contemple diretamente aspectos da língua amparados pela Pragmática, os resultados encontrados por Landulfo (2019) permitem inferir que a falta de pluralidade nos LDs pode incidir na pouca variedade tanto de contextos interativos quanto de papéis sociais dos interlocutores. Essa deficiência, por sua vez, pode ser um indicativo de que os LDs de italiano não são materiais ideais para o ensino da pragmática.

De fato, Nuzzo (2013; 2015; 2016) confirma que os manuais não podem ser considerados uma fonte confiável para o desenvolvimento da CP dos alunos. No estudo publicado em 2013, a autora analisou 17 LDs de língua italiana L2, comparando o ato do agradecimento apresentado nos manuais com a sua realização em séries televisivas. Com as análises, verificou consideráveis diferenças, tanto do ponto de vista pragmalinguístico quanto do sociopragmático, entre a realização do agradecimento nos LDs e nas séries de TV. No que concerne à pragmalinguística, percebeu que, embora a distribuição das estratégias para a realização do ato seja semelhante nas duas fontes, a diversidade e a frequência de modificadores linguísticos são substancialmente menores nos LDs. A respeito do aspecto sociopragmático, a estudiosa observou grandes diferenças tanto na diversidade de motivos pelos quais os falantes seriam induzidos a realizar um agradecimento, quanto no tipo de relações sociais entre interlocutores.

Na publicação 2015, Nuzzo também compara a qualidade do *input* pragmático de LDs de italiano L2 com a língua usada em séries televisivas, observando, dessa vez, a realização de elogios e convites. O resultado das análises mostrou que, a respeito dos elogios, as séries de TV oferecem uma variedade mais ampla tanto de estratégias quanto de dispositivos de modificação, que, além disso, aparecem em uma frequência muito maior no conteúdo televisivo. No que concerne aos convites, embora ambas as fontes mostrem uma gama semelhante de estratégias para realização do ato, as séries de TV oferecem uma variedade mais ampla e uma maior frequência de dispositivos de modificação. Ao analisar ainda as respostas dadas aos convites, a linguista verificou que tanto nos LDs quanto nas séries televisivas, a recusa é geralmente acompanhada de modificadores que buscam mitigar a ameaça à face do interlocutor. Contudo, nos casos de aceitação, as respostas presentes nos manuais seguem sempre o mesmo padrão, enquanto nas séries o ato é realizado com uma variação muito maior.

Por fim, no trabalho de 2016, Nuzzo analisa a realização de agradecimento e elogios em 17 LDs de italiano, comparando o conteúdo dos manuais com séries televisivas, com o *corpus*

49

*Lessico di frequenza dell'italiano parlato* (LIP) e com registros de conversas espontâneas entre amigos e familiares. Sobre os agradecimentos, a estudiosa observou diferenças entre os manuais e o conteúdo televisivo, que apresenta uma gama mais ampla de formas linguísticas para a realização do ato. Além disso, a frequência e a variedade de modificadores são também maiores nas séries de TV. Nuzzo observou também que nos LDs, o agradecimento é prevalentemente realizado como resposta a um pedido satisfeito, enquanto nas séries o ato é também uma reação a um gesto espontâneo, interpretado como um benefício. Com a análise, verificou ainda que, nos manuais, há pouca variedade de contextos comunicativos, reduzindo assim o tipo de relação que se estabelece entre os interlocutores. Quanto aos elogios, os resultados não foram diferentes. A autora observou que a frequência e a variedade dos modificadores são inferiores nos manuais, em relação às duas fontes confrontadas: séries de TV e os *corpora* de língua falada. Suas análises mostraram ainda que nos LDs, os elogios parecem mais "diretos" e "secos", em relação às outras fontes. Da comparação com fala espontânea e material fílmico, conclui então que os LDs representam uma fonte pobre sobretudo no que concerne à apresentação de instrumentos linguísticos que têm a função de modular a intensidade dos atos de fala conforme a variedade dos contextos comunicativos.

O LD não pode, portanto, ser considerado uma referência segura sobre informações (meta)pragmáticas. Estudos desenvolvidos não só no campo do italiano, mas também de outras línguas, indicam que tal material é elaborado com base na intuição de falantes nativos envolvidos no processo de produção editorial e, diferentemente do que deveria ocorrer, não se baseiam em estudos empíricos que tratam os fenômenos da língua em uso, tampouco em *corpora* que mantêm as características reais da língua falada. Dentre outras coisas, a falta de informações consistentes ou coerentes não induz a reflexões produtivas sobre elementos da língua em uso. Assim, mesmo sendo em muitos contextos a única fonte de *input* a que os alunos e professores são expostos, os LDs não se apresentam como fontes suficientes e adequadas para o desenvolvimento da CP dos estudantes.

— *O uso de corpora como insumo para o desenvolvimento da competência pragmática*

O desenvolvimento da CP em aulas de língua se dá a partir de referências que apresentam aspectos da língua fundamentais para uma comunicação eficaz. Como explicitam Boxer & Pickering (1995, p.56), "somente por meio de materiais que reflitam como realmente falamos, ao invés de como pensamos que falamos, os alunos de línguas receberão um relato preciso das regras para falar uma segunda língua ou língua estrangeira."

A busca de dados que reflitam como "realmente falamos" caracteriza também a Pragmática Cross-cultural, da qual, por essa razão, a ILP acabou incorporando – especialmente no início da sua definição como área de pesquisa – tanto a perspectiva metodológica quanto os próprios resultados.

Um trabalho muito consultado no âmbito da Pragmática Cross-cultural é o *"Cultural Speech Act Realization Project"*

(CCSARP), desenvolvido por Blum-Kulka, House & Kasper (1989). Nessa pesquisa, as autoras investigaram a realização de pedidos e pedidos de desculpas em sete idiomas diferentes (francês, dinamarquês, alemão, hebraico e inglês em três variedades: americana, australiana e britânica), categorizando as expressões utilizadas nos atos de fala com um único sistema de codificação para todas as línguas. Dessa maneira, foi possível alcançar resultados significativos tanto sobre aspectos específicos da realização de pedidos e pedidos de desculpas em cada idioma, quanto sobre diferenças culturais que permeiam a realização desses atos.

Os dados analisados no CCSARP foram coletados por meio do *Discourse Completion Task* (DCT), que consiste na apresentação de situações, às quais os participantes são orientados a reagir. No trabalho de Blum-Kulka *et al* (1989), os DCTs utilizados se configuram, mais precisamente, como DCTs escritos (WDCTs) e são compostos pela descrição da situação, com um diálogo e um espaço, que corresponde a um turno conversacional, para a resposta do participante. Contudo, os DCTs podem se apresentar também em outros formatos. Alguns estudos optam, por exemplo, por eliminar o diálogo, deixando, após a descrição da situação, um único campo em aberto para a resposta do participante[11]. Além desse modelo, há também uma adaptação do WDCT para o modo oral (ODCT), no qual é solicitado aos participantes que primeiramente leiam a descrição da situação e, em seguida, apresentem sua resposta oralmente.

---

11   Cfr. Beebe & Takahashi (1989) e Ogiermann (2009).

Embora esteja entre as metodologias de coleta de dados tradicionalmente utilizadas nas pesquisas da área, o DCT é com frequência alvo de críticas. Alguns pesquisadores questionam a validade do método, argumentando que as respostas eliciadas não apresentam elementos extralinguísticos e prosódicos, são descontextualizadas – uma vez que carecem de uma sequência interacional mais complexa – e, sobretudo, não refletem o que os falantes diriam, mas sim o que pensam que diriam[12]. Contudo, estudos mostram que as respostas coletadas por meio dos DCTs contêm uma gama semelhante de expressões linguísticas àquelas encontradas em outros tipos de dados. Tendo em vista que o objetivo dos estudos da Pragmática Cross-cultural e Interlinguística é estabelecer padrões gerais da língua em uso, específicos de determinada cultura não é considerado crucial que os informantes usem exatamente as mesmas expressões que usariam, caso se encontrassem em uma das situações descritas, desde que suas respostas sejam social e culturalmente apropriadas. Além disso, diferentemente do que ocorre na coleta de dados naturalísticos, que envolve inclusive questões éticas da pesquisa científica, os DCTs oferecem diversas vantagens de ordem prática, sobretudo em projetos de larga escala, pois permitem maior controle das variáveis, o que possibilita a análise de diferentes aspectos de qualquer ato de fala, em uma variedade de contextos[13].

---

12   Cfr. Turnbull (2001) e Golato (2003)
13   Cfr. Ogiermann (2018).

Além dos DCTs, *role plays* também são muito utilizados como instrumento de coleta de dados nas pesquisas em Pragmática. Esse método consiste em simulações de encontros comunicativos, a partir da descrição de papéis. Pode ser feita uma distinção entre os *role plays* espontâneos, onde os participantes mantêm suas verdadeiras identidades, e os simulados, quando eles desempenham um papel assumindo uma identidade diferente. Podem ainda ser classificados como abertos ou fechados. No *role play* aberto, a situação e os papéis dos interlocutores são especificados em *prompts* distribuídos individualmente e a interação ocorre sem qualquer determinação de tempo ou quantidade de turnos. No *role play* de tipo fechado, por outro lado, o interlocutor responde, em um único turno, à descrição de uma situação ou ao início da interação, que foi realizada por um interlocutor[14].

Um exemplo de estudo que utilizou o *role play* como instrumento de coleta de dados é aquele realizado por Santoro (2012), com o objetivo de investigar pedidos e pedidos de desculpas em língua italiana. Para o desenvolvimento dessa pesquisa, interações entre falantes nativos foram gravadas em áudio e vídeo por meio de *role plays* categorizados pela pesquisadora como semiabertos. Diferentemente dos tipos aberto e fechado, nessa metodologia, os participantes (A) e (B) são parcialmente guiados. O informante (A), que tem a função de iniciar a interação, é o único a receber o *prompt* escrito, que o estimula a realizar o ato, seguindo as

---

14   Cfr. Kasper (2000).

instruções dadas. Como no *role play* aberto, não são preestabelecidas nem a quantidade de turnos nem a duração das interações.

Assim como os DCTs, os *role plays* também recebem críticas no que diz respeito à sua validade, principalmente por trabalhos que defendem o estudo da pragmática exclusivamente a partir de dados naturalísticos[15]. Porém, pesquisas que se concentram em comparar *role plays* com conversas espontâneas ou outras metodologias consideradas de ocorrência natural têm mostrado que os dados obtidos por meio de tal instrumento podem ser considerados válidos e confiáveis[16]. Além disso, os *role plays*, conforme ressalta Félix-Brasdefer (2010), garantem um controle maior das variáveis, principalmente se comparados às gravações de conversas espontâneas, oferecendo também a possibilidade de observar a dinâmica da interação social (face a face), o que permite examinar os atos de fala em diversos turnos.

— *O texto fílmico como recurso para o desenvolvimento da competência pragmática*

Além de *corpora* constituídos por dados coletados com diferentes metodologias para o estudo de fenômenos pragmáticos, materiais autênticos também são um recurso que pode ser utilizado para o desenvolvimento da CP. Basicamente, pode ser considerado um material autêntico, qualquer texto,

---

15   Cfr Wolfson (1981) e Golato (2003).
16   Cfr. entre outros Kasper & Dahl (1991) e Kasper (2000).

nos mais variados gêneros, que não foi elaborado especificamente para fins didáticos, ou seja, que foi criado entre falantes de determinada comunidade linguística para qualquer fim de expressão ou comunicação[17].

Nesse sentido, o texto fílmico é particularmente interessante para o ensino da pragmática. Nesse material, elementos linguísticos e culturais se relacionam organicamente, o que pode representar valiosa fonte de modelos que caracterizam determinados grupos linguísticos. Certamente, é necessário reconhecer que a língua utilizada nos filmes possui peculiaridades próprias do gênero. As diferenças entre a fala do texto fílmico e fala das interações espontâneas são fundamentadas teoricamente. Isso pode ser constatado, por exemplo, no estudo de Rossi (2011) que analisa uma amostra de filmes italianos, cujas interações contemplam características realistas como o uso de alguns dialetos e registros característicos de falantes de classe social mais baixa. Comparando os dados do texto fílmico com um *corpus* de italiano falado e fragmentos de documentário, o autor observa que, ao contrário do que ocorre na fala espontânea, nos filmes há menor frequência de elementos como hesitação, autocorreção, redundância, sobreposição de turnos ou interrupções. Desse modo, conclui que, por apresentarem maior organização sequencial discursiva, alto grau de coerência e coesão os diálogos dos filmes parecem, por tanto, mais próximos

---

17   Para uma discussão mais aprofundada sobre como podem ser definidos e utilizados materiais autênticos nas aulas de língua, recomendamos o estudo de Vieira (2012), que trata, inclusive, do uso de materiais autênticos nas aulas de italiano como língua estrangeira.

da linguagem escrita/literária do que da oralidade e da fala espontânea.

Contudo, há também estudos que mostram que, mesmo não sendo considerada "real", a língua dos filmes está muito próxima daquela utilizada nos discursos naturais. Um exemplo de trabalho dessa natureza foi desenvolvido por Rose (2001), que analisa elogios e respostas a elogios, comparando diálogos extraídos de quarenta filmes norte-americanos com um *corpus* de fala espontânea. Os resultados dessa investigação mostram que, de fato, as fórmulas de realização dos atos extraídos dos filmes são próximas daquelas recorrentes no *corpus* de fala espontânea e, dessa maneira, o autor conclui que a linguagem cinematográfica, sobretudo em uma perspectiva pragmalinguística, é bastante representativa quando comparada ao do discurso real.

Ao ser analisada em confronto com o conteúdo apresentado pelos LDs, a fala do cinema também se apresenta como um material válido para o ensino. Nesse sentido, é possível citar o estudo de Guerra & Martínez-Flor (2003) que, investigando o pedido em língua inglesa, compara como a realização desse ato de fala ocorre em três LDs de inglês como LE e em três filmes norte-americanos. Os resultados mostraram que os pedidos nos manuais são, na maioria dos casos, realizados por meio de estratégias diretas (modo imperativo), enquanto nos filmes o ato de fala, além de se ser mais contextualizado, é realizado por meio de uma ampla variedade de estruturas linguísticas. Dessa forma, as autoras endossam a ideia de que o uso de filmes para o ensino de línguas tem grande valor potencial para desenvolver a CP, já que fornece uma maior quantidade de exemplos da língua em uso mais próxima da realidade em uma gama muito mais ampla de contextos interacionais.

Alvarez-Pereyre (2011) discute o uso de filmes para fins didáticos ressaltando a relativização dos problemas que esse material pode apresentar (em termos da falta de espontaneidade da fala), a partir dos objetivos e objetos de estudo que estão em jogo. Para abordar o tema, o estudioso, primeiramente, coloca três questões a serem consideradas diante de uma possível resistência ao texto fílmico para o ensino. Em primeiro lugar, a inegável presença desse material na prática de ensino de muitos professores de língua que o consideram, e não erroneamente, um exemplo de material autêntico; em segundo lugar, o uso de filmes, sobretudo pela praticidade, por professores de linguística na análise de elementos específicos; por fim, a falta de uma alternativa que, além de substituir as vantagens encontradas quando se trabalha com filmes, contemple modelos de fala espontânea, levando em conta questões éticas e práticas que envolvem a gravação de interações espontâneas. Assim, de forma muito apropriada, Alvarez-Pereyre sugere que, embora, de fato, não apresente um *corpus* de fala espontânea, a língua dos filmes fornece fatos linguísticos aceitáveis que não podem ser considerados um "erro" ou irrelevantes por parte dos falantes. Os filmes fornecem um conjunto de enunciados validados por falantes nativos e, por terem interações escolhidas cuidadosamente para cumprir funções específicas, apresenta modelos extremamente válidos, principalmente, para o ensino das relações entre formas, significados e funções.

Apesar de ainda serem poucos os estudos que comparam a língua utilizada nos filmes com a língua da vida real[18], é fato que, como produtos artísticos e sociais, os filmes trazem representações de uma sociedade que, em alguma medida, correspondem à vida quotidiana. O compromisso com a vida real é algo certamente presente no cinema, pois os diálogos devem, de alguma forma, corresponder à realidade, "caso contrário, a identificação do espectador com os personagens [...] pode ser impactada negativamente, afetando potencialmente o sucesso do programa" (QUAGLIO, 2009, p.13).

1.3.2. O ensino da pragmática nas aulas de língua: que instrução adotar?

— *O processo de aprendizagem e a importância da percepção (ativa)*

Como mencionado, trabalhos desenvolvidos no campo da ILP mostram que, mesmo com tantas particularidades, a pragmática em LE/L2, além de necessária, pode ser ensinada. Pesquisas de caráter interventivo (*interventional studies*), ou seja, que se concentraram em investigar os efeitos das instruções de ensino para o desenvolvimento da CP, baseiam-se tanto nas teorias que tratam dos fenômenos da língua relativos a esse campo do saber, quanto em modelos teóricos sobre a aquisição de segunda língua (SLA).

---

18  Crf. Tatsuki (2006) e Alvarez-Pereyre (2011).

Uma das hipóteses mais discutidas e exploradas no âmbito da SLA, já com certo espaço no ensino da pragmática LE/L2, é a *Noticing Hypothesis* de Schmidt (1993; 1995; 2001). Em seus trabalhos, o linguista defende, essencialmente, que a simples exposição à língua-alvo não é suficiente para o aprendizado. Dessa forma, coloca-se, por um lado em oposição às ideias de Krashen (1982; 1985) – que assume o "*input* compreensível" como elemento suficiente para que uma língua seja aprendida – por outro, em concordância com as hipóteses de Swain (1985) – que considera o *output* um mecanismo pelo qual é possível entender o processo de aprendizagem. Segundo Schmidt, portanto, para se aprender, é necessário perceber (*noticing*) o *input* disponível e reconhecer (*understanding*) as regras que norteiam o adequado uso da língua. Partindo dessa ideia, o autor afirma: o "*intake* é a parte do *input* que o aluno percebe" (SCHMIDT, 1990, p.139).

Schmidt (1993) alega que o aprendizado subliminar é impossível e que os modelos de aprendizagem implícita e explícita se diferenciam pelo nível de consciência envolvido no processo. O autor afirma que a aprendizagem implícita "refere-se à generalização inconsciente que ocorre a partir de exemplos" (p. 26). Esse tipo de aprendizagem, conforme explica, pode ser considerado um produto que resulta de algum nível de consciência sobre dados estruturados, e seus mecanismos envolvem uma alternância em redes complexas entre o fortalecimento e o enfraquecimento de conexões com a experiência do aluno. A aprendizagem explícita, por sua vez, diz respeito à capacidade consciente de resolução de problemas e depende de mecanismos como tentativas de formar representações mentais, buscar a memória por conhecimentos relacionados a determinado tema, formar e testar hipóteses. Ao avaliar ambos os tipos de aprendizagem, o estudioso faz a seguinte afirmação:

> Tanto a aprendizagem implícita quanto a explícita têm pontos fortes específicos. A aprendizagem implícita parece ser superior para a aprendizagem de padrões difusos com base em semelhanças perceptivas e a detecção de covariância não saliente entre variáveis, enquanto a aprendizagem explícita é superior quando um domínio contém regras que são baseadas em relações lógicas em vez de semelhanças perceptivas. (SCHMIDT, 1993, p. 26)

Os processos de aprendizagem explícito e implícito, segundo Ellis (2009), podem estar, em algum grau, correlacionados com os conhecimentos explícito e implícito. O estudioso afirma que enquanto o conhecimento implícito é acessado mais facilmente no uso "não planejado da língua", o explícito se relaciona àquilo que pode ser declarado por meio de processos de consciência. Dessa forma, para o autor,

> O conhecimento implícito não pode ser descrito como existe na forma de conexões estatisticamente ponderadas entre nós de memória, e suas regularidades só se manifestam no uso real da língua. É por isso que os alunos não podem explicar sua escolha de formas implícitas. Em contraste, o conhecimento explícito existe como fatos declarativos que podem ser "declarados". (ELLIS, 2009, p.13)

Voltando à importância da percepção para o aprendizado, Schmidt (1990) afirma que esse requisito se aplica igualmente a todos os aspectos da língua: lexical, fonológico, gramatical e pragmático. Tendo em vista os aspectos da língua que são tratados pela Pragmática, para o desenvolvimento da CP no contexto de ensino, os alunos devem então "perceber" (*noticing*) tanto as formas da língua que podem ser utilizadas para a realização dos atos de fala (aspectos pragmalinguísticos), quanto as características do contexto interacional (elementos sociopragmáticos) que definem a escolha de tais formas.

— *O processo de ensino e os diferentes tipos de instrução*

Assim como ocorreu com o ensino da gramática e do léxico, a maioria dos estudos que se ocuparam do desenvolvimento da CP em contexto didático propuseram-se a investigar o efeito relativo a diferentes instruções de ensino, configuradas essencialmente como de tipo explícito ou implícito.

Para falar das diferenças entre tais instruções, Ellis (2009) retoma a divisão que apresentou em um estudo anterior (ELLIS, 2005) entre instrução direta e instrução indireta: a primeira envolve uma especificação prévia daquilo que será o objeto de ensino e, desse modo, requer um programa de estudos estruturado; a segunda, por outro lado, visa a criar condições para que os alunos possam aprender a se comunicar na língua-alvo pela própria experiência do aprendizado. Para o estudioso, as abordagens explícita e implícita não se correlacionam diretamente às instruções direta e indireta, contudo, podem ser identificadas por essa distinção. A instrução explícita, pela sua natureza, constitui claramente uma intervenção direta. Já a instrução implícita pode ser indireta, mas também direta, quando se determina o objeto de ensino. No processo didático, busca-se, no entanto, mascarar tal objeto, fazendo com que as regras não ocupem um lugar predominante na consciência dos alunos. O autor completa dizendo que, nesse tipo de situação, faz-se necessária a criação de um ambiente de aprendizagem "enriquecido" com o objeto de ensino, sem que a atenção dos alunos se volte necessariamente para ele. Na figura 1, ilustramos os tipos de instrução para o ensino de línguas sugeridos por Ellis (2009):

**Figura 1: Tipos de instrução para o ensino de línguas sugeridos por R. Ellis *et al* (2009)**

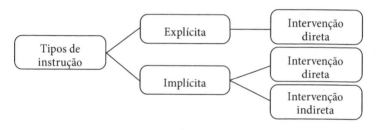

*Fonte Ellis et al (2009)*

Ellis (2009) explica ainda que a instrução implícita capacita o aluno a inferir, sem a intenção de aprender, as regras de uso de determinado objeto de ensino, internalizando-as sem que sua atenção seja focalizada diretamente nelas. Na instrução explícita, por outro lado, os alunos são orientados a desenvolver a consciência metalinguística das regras, o que, por sua vez, pode ser feito de modo dedutivo ou indutivo.

Tradicionalmente, conforme é exposto por Decoo (1996), o método dedutivo é o processo que vai das regras formuladas conscientemente até a aplicação no uso da língua, enquanto o processo indutivo parte do uso real da língua, do qual 'emergirão' padrões e generalizações. Especificamente no ensino da pragmática, a diferença entre ensino dedutivo e indutivo se dá, conforme afirmam Ishihara & Cohen (2010, p.116), da seguinte maneira:

> A instrução é dedutiva quando fontes externas, como professores e materiais, fornecem aos alunos informações explícitas sobre a pragmática antes que eles estudem os exemplos. No ensino indutivo, os alunos analisam dados pragmáticos para descobrir as normas pragmáticas em L2 que governam os vários usos da linguagem.

Na prática de ensino, cabe enfatizar, Glaser (2014) afirma que, embora sejam frequentemente relacionados diretamente ao ensino explícito e implícito, os termos que compõem a dicotomia dedutivo-indutivo referem-se, na verdade, **à sequência em que são apresentadas as atividades de cada unidade de ensino**, ou seja, seu ponto de partida. Dessa forma, é natural que o ensino implícito se configure como indutivo, contudo, é possível também se pensar em uma combinação de estratégias, como explícita-dedutiva ou ainda explícita-indutiva.

Baseados em estudos precedentes sobre o papel da instrução no SLA, Housen & Pierrard (2005) apresentam um quadro, conforme reproduzimos no Quadro 1, com as diferenças entre as abordagens implícita e explícita, enfatizando estratégias relacionadas mais diretamente à prática didática:

**Quadro 1: Diferença entre instrução implícita e explícita conforme Housen & Pierrard (2005)**

| Abordagem implícita | Abordagem explícita |
|---|---|
| Atrai a atenção para as formas desejadas | Direciona a atenção para as formas desejadas |
| Ocorre espontaneamente (ex.: em atividades orientadas para a comunicação) | É predeterminada e planejada (ex.: é o principal foco e objetivo da atividade do professor) |
| É discreta (mínima interrupção da comunicação do significado) | É invasiva (interrupção da comunicação do significado) |
| Apresenta as formas desejadas em contexto | Apresenta as formas desejadas de forma isolada |
| Não faz uso de metalinguagem | Usa terminologia metalinguística (ex.: explicações de regras) |
| Estimula o uso livre das formas desejadas | Envolve práticas controladas das formas desejadas |

Fonte: Housen & Pierrard (2005, p. 10)

O primeiro aspecto que pode ser observado sobre os conceitos de instrução implícita e explícita apresentados tanto por Ellis (2009) quanto por Housen & Pierrard (2005) é, na verdade, um ponto divergente entre os dois modelos. Enquanto Housen & Pierrard estão focados na prática pedagógica, ou seja, na ação do professor, Ellis se concentra no papel que a consciência do aluno tem no processo de ensino, como fator capaz de distinguir as abordagens[19]. Para os fins desta pesquisa, cabe mencionar, essa diferença de perspectiva não é definitivamente um problema. Ao verificarmos a eficácia

---

19  Cfr. Frangiotti & Freitas (2021).

relativa das instruções explícita e implícita, julgamos válido considerar o papel da consciência do aluno – tanto no processo de aprendizado, quanto no processo de ensino – em conjunto com as ações realizadas pelo professor no contexto didático.

A respeito das diferenças entre as instruções explícita e implícita, os modelos teóricos que estão nos servindo de referência colocam a instrução implícita basicamente como uma prática que conduz a atenção do aluno, promovendo espaço e oportunidades para a formulação livre de hipóteses e inferências. Essa abordagem parece então ser mais espontânea e pouco estruturada. A instrução explícita, por outro lado, é apresentada como uma abordagem mais controlada e parece seguir, de forma bastante rigorosa, uma espécie de *script*, sem permitir que o aluno atente para outros aspectos da língua diferentes daqueles que foram previamente definidos como objeto de ensino. Além disso, outra característica fundamental que diferencia a instrução explícita da implícita é o desenvolvimento da consciência metalinguística pelo uso da metalinguagem.

No tópico seguinte, abordaremos a maneira como a dicotomia explícito-implícito vem sendo tratada em alguns estudos empíricos que se concentraram especificamente em verificar a eficácia relativa dessas duas abordagens no ensino da pragmática em LE/L2. Por meio desses estudos, buscaremos mostrar o desenho geral sobre o qual tais pesquisas são desenvolvidas, algumas questões metodológicas e resultados que vêm sendo apresentados com a conclusão desses trabalhos.

— *Instrução explícita e implícita: como se configuram os estudos empíricos*

Conforme exposto na seção anterior, uma das características fundamentais que diferencia a instrução de ensino explícita da implícita é o uso de metalinguagem. No ensino da pragmática, é importante ressaltar, a metalinguagem ocorre pelo fornecimento de informações metapragmáticas, ou seja, indicações sobre o funcionamento de aspectos pragmalinguísticos e sociopragmáticos de uma interação. Enquanto a instrução explícita se caracteriza principalmente pela presença de orientações e discussões metapragmáticas, na instrução implícita – além de não se fazer uso desse recurso – busca-se dirigir a atenção dos alunos para aspectos não pragmáticos como a compreensão geral dos textos selecionados ou estruturas linguísticas utilizadas. Em alguns estudos, na instrução implícita, além de não se recorrer à linguagem metapragmática, são utilizadas técnicas como *input* encharcado (*flood*) ou destacado (*enhancement*).

De um modo geral, as pesquisas que se propõem a investigar e comparar a eficácia relativa às instruções explícita e implícita para o desenvolvimento da CP se configuram com os aprendizes subdivididos em, no mínimo, dois grupos: um deles recebe o tratamento didático com técnicas explícitas e o outro, por sua vez, é submetido à abordagem de ensino implícita. Não são raras, porém, pesquisas cujo desenho comporta, além dos grupos implícito e explícito, um grupo controle que não recebe tratamento didático sobre a pragmática. O grupo controle funciona como referência que permite avaliar se, de fato, os dados que emergem antes e após o(s) tratamento(s) didático(s) são consequência da intervenção, o que acaba por dar maior validação à pesquisa. No entanto, é válido ressaltar que nem sempre, por questões institucionais, o contexto onde se desenvolvem as pesquisas permite a formação de um grupo além daqueles que devem receber o(s) tratamento(s).

Frequentemente, no que tange à coleta de dados, as pesquisas que comparam a eficácia relativa às instruções implícita e explícita recorrem a instrumentos como *role plays* (por vezes gravados em áudio e vídeo), DCTs (orais ou escritos) e questionários de múltipla escolha. Entretanto, são também utilizadas produções escritas como e-mails ou mensagens de texto, testes de reconhecimento da adequação pragmática e questionários de consciência metapragmática.

Para verificar o efeito dos tratamentos didáticos, nos estudos empíricos, geralmente aplicam-se dois testes idênticos: um deles antes da intervenção (pré-teste) e outro imediatamente após a intervenção (pós-teste). Há trabalhos, contudo, que se dispõem a verificar ainda se o efeito do tratamento didático se mantém ao longo do tempo. Nesses casos, é aplicado um terceiro teste (pós-teste tardio), semanas após o término das intervenções.

Em termos de conclusões, por fim, a literatura geral sobre o tema aponta basicamente para dois resultados. Primeiramente, a partir dos estudos que trabalham com grupo controle, é possível observar que há, de fato, diferenças significativas no desenvolvimento da CP entre alunos que recebem instrução didática específica para esse fim e aqueles que são somente expostos à LE/L2. Esse dado corrobora a ideia de que a prática de ensino tem um papel importante, uma vez que se coloca como facilitador para o desenvolvimento da CP dos alunos. Em segundo lugar, na comparação entre as instruções de ensino, o resultado da maioria das pesquisas desenvolvidas com tal objetivo indica que a instrução explícita supera a implícita. Contudo, é importante ressaltar que tais resultados não podem ser considerados conclusivos, já que há pesquisas, mesmo em quantidade menor, que mostram a instrução implícita como mais eficaz. Dentre tais trabalhos, pode ser citada parte dos resultados que emergiram da pesquisa Gauci (2012), particularmente interessante para esta investigação, uma vez que se propôs a verificar a eficácia relativa às instruções implícita e explícita no ensino do italiano LE. Nesse estudo, a pesquisadora estabeleceu como objeto de ensino o uso de modificadores linguísticos na realização de dois atos de fala: pedidos e reclamações. Participaram do experimento 42 estudantes nativos de Malta, aprendizes de italiano LE, que foram então subdivididos em dois grupos experimentais e um grupo controle. Com as análises, Gauci observou, primeiramente, que os alunos dos grupos experimentais apresentaram resultados consideravelmente melhores, no que diz respeito ao uso de modificadores linguísticos na realização de pedidos e reclamações, do que os alunos do grupo controle. Em segundo lugar, focalizando sobre a comparação entre as instruções, a abordagem implícita se apresentou como mais eficaz no caso das reclamações. Sobre os pedidos, entretanto, a linguista não observou diferenças significativas entre as instruções, sugerindo que os dois tratamentos pareceriam igualmente eficazes.

É válido ainda mencionar que, além dos trabalhos como aquele desenvolvido por Gauci (2012), onde as análises constataram em parte melhor desempenho dos alunos que receberam a instrução implícita, em parte eficácia semelhante entre as ambos os tipos de intervenção, há também pesquisas onde não se verificou efeito em nenhum dos tratamentos e, ainda, estudos com resultados "mistos", ou seja, a eficácia da instrução se deu conforme o instrumento utilizado para a coleta dos dados.

Além disso, ainda no que diz respeito às conclusões, há entre os estudos empíricos várias divergências no que tange à operacionalização das metodologias, que acabam sendo estabelecidas de modo bastante individual por cada pesquisador. Enquanto, em alguns casos, por exemplo, os estudantes recebem três semanas de tratamento didático, com aulas de 1h realizadas duas vezes por semana, em outros, a intervenção didática ocorre durante um período maior, no entanto, com apenas uma aula de 30 minutos por semana.

Além do tempo do tratamento, cada pesquisa define também, conforme suas possibilidades, os instrumentos de coleta de dados. Enquanto algumas investigações utilizaram tanto DCTs quanto *role plays* como instrumentos de coleta de dados, outras optaram por utilizar somente DCTs.

Por fim, cabe ainda observar que os resultados das pesquisas podem ser considerados inconclusivos também pela falta de consistência sobre a definição de implícito e explícito. Segundo Taguchi (2015, p. 17),

> (...) os tratamentos explícitos geralmente envolvem mais do que apenas explicação metapragmática e incluem atividades implícitas, como visualização de vídeo, análise

de diálogo e comparações interlinguísticas. Como resultado, não sabemos quais partes da instrução explícita produziram resultados positivos. Por outro lado, alguns tratamentos implícitos simplesmente usam a exposição ao *input*, enquanto outros usam técnicas de aprimoramento, manipulando a natureza do *input*. Outros estudos usam atividades de conscientização para chamar a atenção dos alunos para o objeto de ensino.

Segundo a autora, uma possível solução para esse desacordo seria deixar de lado a dicotomia implícito-explícito, como conceitos completamente distintos e contrapostos, e assumi-los como métodos de instrução pertencentes a um *continuum*[20]. Além disso, seria mais vantajoso se afastar dos termos guarda-chuva "explícito" e "implícito" e conduzir uma análise com métodos combinados, verificando e compilando as características comuns, consideradas eficazes.

No Quadro 2, segue uma visão geral de algumas pesquisas empíricas, publicadas nas últimas décadas, que se concentram em verificar o efeito relativo às instruções explícita e implícita no ensino da pragmática em LE/L2. De modo esquematizado, é possível verificar o desenho desses estudos, ou seja, em que língua foram desenvolvidos, que o objeto de ensino foi utilizado, a que métodos de coleta de dados recorreram, quantos testes foram realizados e a que resultados chegaram.

---

20  Cfr. também Frangiotti & Freitas (2021)

**Quadro 2: Estudos que relativizaram a eficácia relativa às instruções implícita e explícita**

| Estudo | Objeto de ensino | Língua-alvo | Desenho Testes | Desenho Grupos | Instrumento de coleta de dados | Instrução mais eficaz |
|---|---|---|---|---|---|---|
| Tateyama (2001) | Expressão formulaica | Japonês | Pré-teste Pós-teste | Implícito Explícito | QME* *Role Play* | Sem efeito |
| Koike & Person (2005) | Sugestão | Espanhol | Pré-teste Pós-teste Pós-teste T | Implícito Explícito Controle | DCT QME | Explícita |
| Alcón-Soler (2005) | Pedido | Inglês | Pré-teste Pós-teste | Implícito Explícito Controle | QCM Produção escrita | Misto |
| Martinez-Flor & Fukuya (2005) | Sugestão | Inglês | Pré-teste Pós-teste | Implícito Explícito Controle | Produção escrita | Misto |
| Martinez-Flor (2006) | Sugestão | Inglês | Pré-teste Pós-teste | Implícito Explícito | Teste de adequação Teste de confiança | Ambas |
| Alcón-Soler (2007) | Pedido | Inglês | Pré-teste Pós-teste Pós-teste T | Implícito Explícito Controle | Teste de reconhecimento | Explícita |
| Fukuya & Martinez-Flor (2008) | Sugestão | Inglês | Pré-teste Pós-teste | Implícito Explícito | Produção escrita | Misto |

*\* Questionário de múltipla escolha*

Retomando, portanto, as descrições apresentadas acima, por meio do Quadro 2, é possível verificar que, enquanto algumas pesquisas realizam o pré e o pós-teste, outros estudos se propõem também a verificar o efeito do tratamento ao longo do tempo e, assim, aplicam ainda um pós-teste tardio.

Em alguns estudos, os alunos que participam do experimento são subdivididos entre um grupo que recebe instrução implícita e outro que é submetido à abordagem de ensino explícita. Há, porém, casos em que, além dos grupos experimentais, trabalha-se ainda com um grupo controle, que não é exposto ao *input* específico para o desenvolvimento da CP. Além dessas informações, o quadro nos permite observar de forma mais sistemática que as pesquisas empíricas que estudam a eficácia relativa a diferentes abordagens tratam com mais frequência do ensino do inglês. Por fim, o quadro acima, assim como levantamentos mais abrangentes sobre os estudos interventivos, permite verificar que, nesses trabalhos, o desenvolvimento da CP pode ocorrer por meio de qualquer elemento da língua em uso tratado pela Pragmática, como: expressões formulaicas, implicaturas, modificadores linguísticos, estratégias discursivas etc. Contudo, o objeto de ensino mais escolhido nessas pesquisas são os atos de fala, os quais, devido ao papel central que ocupam nos estudos da Pragmática, abordaremos no próximo capítulo, focalizando, sobretudo, aquele que escolhemos como objeto de ensino para o desenvolvimento desta pesquisa: o pedido de desculpas.

# CAPÍTULO II

## O ATO DE FALA DO PEDIDO DE DESCULPAS

## 2.1. O pedido de desculpas na Teoria dos Atos de Fala

A Teoria dos Atos de Fala assume como ideia base que a unidade mínima da comunicação humana não é a frase ou qualquer outra expressão, mas a realização de atos, como pedidos, promessas, elogios, convites etc. Embora os primeiros trabalhos tenham sido desenvolvidos com intuito de estabelecer métodos de análise para questões filosóficas por meio da linguagem, foi na Teoria dos Atos de Fala que, pela primeira vez, houve uma sistematização dos fenômenos pragmáticos da língua e, desse modo, foi apresentado um modelo de abordagem com grande influência para o campo[21].

Para o desenvolvimento desta pesquisa, optamos por nos orientar a partir de três estudos desenvolvidos no âmbito da

---

21   Cfr. Marcondes (2003); Costa (2008).

Teoria dos Atos de Fala. O primeiro deles é o trabalho precursor de Austin "*How to do things with words*" (1962) que introduz o conceito do "agir com palavras". O segundo trabalho é aquele realizado por Searle, que foi aluno de Austin e buscou dar continuidade aos conceitos apresentados por seu professor. O primeiro estudo do filósofo que nos interessa foi publicado em 1969 com o título "*Speech acts: An essay in the philosophy of language*" e continuado nos anos seguintes com desenvolvimentos que se encontram na publicação de 1979 "*Expression and Meaning: Studies in the Theory of Speech Acts*". Por fim, nos apoiaremos ainda sobre o estudo de Sbisà "*Linguaggio, ragione, interazione. Per una pragmatica degli atti linguistici*" (1989) que, com base em elementos e conceitos da semiótica, repensa as teorias precedentes e propõe uma teoria pragmática como metodologia de análise da interação verbal.

No decorrer de suas reflexões, dentre as muitas concepções que apresentou sobre "dizer é fazer", Austin (1990) [1962]) dividiu o ato de fala em três dimensões: ato locutório, que corresponde ao enunciar uma sentença com determinado sentido e referência; ato ilocutório, que se refere à força, ou seja, propriamente ao sentido do que foi enunciado; e ato perlocutório, que diz respeito aos efeitos alcançados com o aquilo foi enunciado. Partindo dessa representação, o filósofo então sugere uma primeira tentativa de classificação dos atos ilocutórios, categorizando-os de cinco maneiras: vereditivos, exercitivos, expositivos, comissivos e comportamentais. Segundo a classificação de Austin, o pedido de desculpas é um ato de tipo comportamental, ou seja, refere-se ao comportamento social dos falantes, mas, mais do que a expressão de um sentimento, se definiria pelas reações e atitudes diante de determinadas condutas, passadas ou iminentes.

Searle (1981) [1969]) também assume o ato de fala dividido em três dimensões e, além disso, pressupõe, dentro do ato ilocutório, uma distinção entre força ilocucionária e conteúdo proposicional, representada por F($p$). Para o autor, uma mesma proposição pode ser comum a diferentes tipos de atos ilocutórios, enquanto a força ilocutória "indica o modo pelo qual é preciso considerar a proposição" (1981 [1969], p. 43). Considerando as dimensões em que a força ilocutória (F) pode variar, Searle cria sua taxonomia, sugerindo que os atos ilocutórios podem ser classificados de cinco maneiras, a saber: assertivos, diretivos, compromissivos, expressivos e declarativos. Em sua classificação, o pedido de desculpas é um ato de tipo expressivo, ou seja, expressa um estado psicológico, especificado na condição de sinceridade, a respeito de um estado de coisas.

Partindo do trabalho de Austin (1962), Sbisà (2009) [1989]) também apresenta o ato de fala dividido nas dimensões locutória, ilocutória e perlocutória. Contudo, diferentemente dos estudos de Austin e Searle, que se concentram em analisar os atos a partir da perspectiva de quem os realiza (falante), a autora defende que o ato ilocutório deve ser classificado com base nos efeitos que pode causar em quem o recebe (o interlocutor). Dessa forma, em seu modelo, o ato ilocutório é representado como na Figura 2:

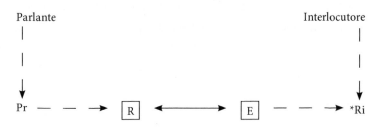

*Fonte: Sbisà (2009), p. 66*

A partir desse esquema, Sbisà explica que a realização do ato ilocutório leva a um efeito (E), causado quando ocorre, de fato, a recepção (R). A estreita relação entre a recepção do ato e seu efeito é representada pela flecha dupla e as setas pontilhadas que, por sua vez, correspondem ao que pode ser constatado por um observador, ou seja, o proferimento de um ato pelo falante (Pr) e a resposta (Ri) dada pelo interlocutor. O asterisco, por fim, representa o ponto onde o fator de imprevisibilidade pode intervir.

Com base no modelo reportado, a linguista italiana avança uma classificação dos atos de fala, apoiada nos efeitos causados pelos atos ilocutórios. Para tal, recorre a concepções da semiótica que colocam os sujeitos de uma interação – falante e ouvinte – como "actantes" (*attanti*), aos quais podem ser atribuídos os seguintes predicados modais: poder, dever e saber. A classificação de Sbisà, desse modo, baseia-se em dois aspectos: a) o predicado modal a ser atribuído ao falante, e b) os predicados modais, relacionados entre si, a serem atribuídos ao ouvinte, representado por um destinatário que deve ser duplicado para que possa, realmente, ser um agente da interação. Conforme explica a autora,

> o efeito ilocutório é um efeito **sobre uma relação**: as competências modais adquiridas pelos dois destinatários, sempre relacionadas entre si, representam a relação sujeita à transformação ilocutória, como se mostra posteriormente e como efeito do ato de fala. (SBISÀ, 2009, p. 80, grifos da autora)

Assim, sua classificação consiste em quatro tipos ilocutórios, a saber: exercitivos, comissivos, vereditivos e comportativos. Para a autora, dessa forma, o pedido de desculpas é um ato de tipo comportativo, isso indica que, ao proferi-lo, o falante, que tem um dever, atribui simultaneamente ao seu interlocutor um saber (destinatário 1) e um poder (destinatário 2).

No quadro abaixo, segue a forma resumida de como o pedido de desculpas é então classificado e descrito, a partir das teorias desenvolvidas pelos autores citados:

Quadro 3: O pedido de desculpas nas teorias de Austin (1990 [1962]); Searle (2002 [1979]) e Sbisà (2009 [1989])

| Autor/Autora | Classificação | Características |
|---|---|---|
| Austin (1990 [1962]) | Comportamental | Refere-se ao **comportamento social dos falantes**. Mais do que uma descrição de sentimentos, expressa reações e atitudes diante de determinadas condutas, passadas ou iminentes. |

| Searle (2002 [1979]) | Expressivo | Expressa um **estado psicológico**, especificado na condição de sinceridade, a respeito de um estado de coisas. |
| Sbisà (2009 [1989]) | Comportativo | O falante, a que é atribuído um dever, confere ao interlocutor um **saber** (destinatário 1) e um **poder** (destinatário 2) |

O quadro nos permite constatar que a maneira como o pedido de desculpas é descrito por Austin, Searle e Sbisà não é absolutamente idêntica, o que é certamente justificável, já que os três trabalhos foram desenvolvidos em contextos específicos e com propósitos diferentes. Além disso, conforme afirma Bazzanella (2008), especificamente na relação entre os estudos desenvolvidos no âmbito da filosofia da linguagem e aqueles que abordam a Pragmática, dois aspectos centrais, que nas primeiras concepções da Teoria dos Atos de Fala não estavam completamente presentes, foram discutidos de forma mais aprofundada: os elementos do contexto interacional e a complexidade dos indicadores de força ilocutória.

Contudo, embora não sejam idênticas, as descrições do pedido de desculpas não são também completamente divergentes. Essa perspectiva nos possibilita olhar para os três trabalhos como complementares e sugerir, desse modo, que o ato com o qual estamos trabalhando, à luz da Teoria dos Atos de Fala, está relacionado ao comportamento social (AUSTIN, 1990 [1962]), expressa um estado psicológico a respeito de determinada situação (SEARLE, 2002 [1979]) e, enquanto atribui ao falante um dever, confere ao ouvinte, simultaneamente, um saber e um poder (SBISÀ, 2009 [1989]).

Certamente, tal descrição não contempla todos os aspectos que compõem um pedido de desculpas. As características extraídas das classificações dos atos ilocutórios (ressaltadas em negrito no Quadro 3) nos oferecem, contudo, o que poderíamos designar como propriedades primárias do ato em questão.

## 2.2. O pedido de desculpas: de marcador discursivo à ação reparadora

Para desenvolver seu estudo sobre das trocas interacionais reparadoras, Goffman (1976) parte da premissa que o pedido de desculpas é um ato requerido quando há um desvio das regras morais que têm como função o elo entre o "eu" (*self*) e a "sociedade" (*society*). Desse modo, um pedido de desculpas, segundo o autor "permite que os participantes sigam seu caminho, se não com a satisfação de que as questões sejam encerradas, pelo menos com o direito de agir como se considerassem que as questões tivessem sido encerradas e que o equilíbrio ritual tenha sido restaurado" (GOFFMAN, 1976, p. 68).

Como ação reparadora, ou seja, como ato que busca restabelecer o equilíbrio de uma interação comprometida pela transgressão de regras sociais, o pedido de desculpas pode ser realizado com uma série de finalidades. Segundo Norrick (1978, p. 284), normalmente se pede desculpas para "acalmar pessoas que prejudicamos, para evitar acusações e/ou represálias, para demonstrar arrependimento e, é claro, para provocar atos de perdão e isenção de culpa".

Além de descrever os motivos pelos quais um pedido de desculpa pode ser realizado, neste estudo, Norrick apresenta ainda a "função social" (*social function*) que o ato assume. Essa dimensão é descrita com base em dois principais aspectos:

a. a intenção dos falantes sobre os efeitos que pretendem causar ao realizar o ato de fala, e
b. o conjunto de funções que o ato pode desempenhar, o que o relaciona diretamente aos valores que pode assumir em determinada sociedade.

Desse modo, Norrick afirma que "generalizando, podemos dizer que pedir desculpas tem a função social de admitir a responsabilidade por um estado que afetou alguém de maneira adversa, implicando assim em contrição e, às vezes, em pedir perdão" (NORRICK, 1978, p. 284).

Por se tratar de um ato normalmente realizado por uma gama bastante limitada de expressões altamente convencionalizadas, o pedido de desculpas pode ir, entretanto, além de sua ação reparadora. Segundo Deutschman (2003), o ato pode também ser enunciado como: sinal discursivo (*formulaic apologies*), no caso de gafes sociais ou deslizes com o uso da língua, como pedido de atenção juntamente com a realização de pedidos e como estratégia de "ataque à face" do interlocutor (*"face attack" apologies*), quando proferido de modo sarcástico, onde a ofensa é banalizada e o pedido de desculpas, por fim, introduz um desafio. Na mesma direção, Businaro (2002), que analisou um *corpus* de italiano falado, verificou que os pedidos de desculpas vão além de expressão de arrependimento e podem ser utilizados com elementos de articulação do discurso que favorecem o curso da comunicação. Exatamente pela ampla gama de funções que o pedido de desculpa pode assumir em uma interação, Bean & Johnstone (1994) inserem o ato em um contínuo, que contempla desde as desculpas ditas mais automáticas e rotinizadas até aquelas que podem ser consideradas mais pessoais e sinceras, ou seja, as verdadeiras expressões de arrependimento, como reproduzido na figura 3:

**Figura 3: Pedido de desculpas classificados em um contínuo, conforme Bean & Johnston (1994)**

◄——————————————————————————————►

**Mais situacional**                                **Mais pessoal**

| Mais situacional | Mais pessoal |
|---|---|
| Condições de felicidade menos satisfeitas (agir menos ofensivo, arrepender menos genuíno etc.). | As condições de felicidade são mais perfeitamente atendidas (agir mais ofensivo, arrependimento mais genuíno etc.). |
| Resposta relativamente genérica a situações recorrentes envolvendo interrupção da conversa. | Resposta relativamente particular a uma nova situação envolvendo ofensa pessoal. |
| Intenção e efeito é garantir que a conversa flua sem problemas. | Intenção e efeito é expressar arrependimento. |
| Cumpre os requisitos do "sistema" (Goffman), como regular o fluxo da interação ou alterar as estruturas de sinalização. | Cumpre os requisitos "rituais" (Goffman), como permitir auto-respeito, autonomia. |
| Não elaborado ou atenuado na forma. | Relativamente elaborado na forma; pode ser repetido, incluir explicações. |

Fonte: *BEAN & JOHNSTON (1994, p. 62)*

Segundo as autoras, as ditas desculpas "mais situacionais" (*most situational*) seriam aquelas encontradas em contextos em que o arrependimento é superficial e as condições de felicidade, isto é, as circunstâncias adequadas para a realização do ato, são atendidas apenas de maneira vaga, o que pode ser exemplificado como uma tomada inadequada de turno, a falta de compreensão sobre o que foi dito etc. No outro extremo do contínuo, por sua vez, onde se encontram as desculpas categorizadas como "mais pessoais" (*most personal*), ocorrem situações nas quais, de fato, foram cometidas ofensas. Esses pedidos de desculpas são então geralmente mais elaborados e podem consistir em relatos explicativos relacionados à situação como um todo. Nesses casos, as condições de felicidade são atendidas completamente, ou seja, há mais elementos que requerem um pedido de desculpas, como a realização de uma ofensa e a intenção do falante de manifestar arrependimento para restaurar sua relação com o interlocutor.

Conforme mencionamos no capítulo anterior, o pedido de desculpas neste trabalho é o ato de fala que selecionamos para verificar o desenvolvimento da CP de alunos que foram submetidos a dois tipos de abordagem de ensino: implícito e explícito. Dessa forma, delimitaremos o ato de fala à sua função reparadora, essencial em situações em que regras sociais são violadas para expressar arrependimento e restaurar a harmonia na relação entre os interlocutores. No esquema de Bean & Johnston (1994), portanto, os pedidos de desculpas que escolhemos para a realização deste trabalho estão ao lado direito do contínuo, percebidos como de tipo "mais pessoal", uma vez que buscam manifestar arrependimento e reparar ofensas cometidas.

## 2.3. Elementos necessários para a realização de um pedido de desculpas

Para falar do pedido de desculpas, Goffman (1976, p.67) apresenta o seguinte exemplo: "Um pedestre tropeça no outro, diz 'Desculpe', ao passar, o outro responde 'Ok', e cada um segue seu caminho."

Partindo de sua colocação, o estudioso afirma então que nesse incidente é possível perceber três elementos: o conjunto ofensa, ofensor e vítima; o pedido de desculpas como um trabalho ritual (junto com sua aceitação); por fim, o "ato da atividade reparadora".

Em um modelo reorganizado, os elementos que compõem o pedido de desculpas como uma ação reparadora, segundo Goffman, poderiam, portanto, se apresentar individualmente como: falante ("ofensor"), ouvinte ("vítima"), ofensa, pronunciamento do ato de fala em si ("pedido de desculpas") e a resposta ao ato ("aceitação"). Tais componentes, bem como a relação que têm entre si, podem ser ilustrados conforme a Figura 4:

Figura 4: Elementos que compõem a realização de um pedido de desculpas

Nessa reorganização, os elementos contextuais para a realização de um pedido de desculpas como ação reparadora são o falante, que comete a ofensa e, como consequência disso, realiza o ato em si; o ouvinte, que sofre a ofensa e, ao receber um pedido de desculpas, coloca sua resposta. Nos próximos tópicos, cada um dos elementos mencionados será detalhadamente tratado. Nesse sentido, será descrita como pode se configurar a relação entre falante e ouvinte, como se caracterizam as ofensas, quais são as maneiras para se realizar um pedido de desculpas e, por fim, que respostas possivelmente podem ser dadas a esse ato.

### 2.3.1. Falante e ouvinte: a relação entre os interlocutores

Conforme esquema proposto na Figura 4, dois dos elementos necessários para que um pedido de desculpas seja realizado são o falante e o ouvinte. O primeiro, tido como ofensor, é, na visão de Fraser (1981), o elemento determinante para a realização do ato. Para o autor, quando um pedido de desculpas é realizado, pode-se presumir que o falante realmente acredita que cometeu uma falta em relação ao ouvinte, considera-se como responsável por tal falta (mesmo que de modo parcial) e assim expressa seu arrependimento. Para que o pedido de desculpas seja realizado com sucesso então, conforme o estudioso, duas condições básicas devem ser respeitadas: "primeiro, o falante deve reconhecer a responsabilidade por ter realizado algum ato; e segundo, o falante manifesta pesar pela ofensa que ocorreu como resultado da prática do ato" (FRASER, 1981, p.262). O ouvinte, por sua vez, é quem, no contexto em que um pedido de desculpas é realizado, sofre a ofensa e a quem, portanto, se direciona o ato. Conforme Owen (1983), para que o pedido de desculpas se realize de fato, o ouvinte deve saber que aquilo que motivou as desculpas é algo que o prejudica e que, desse modo, teria preferido que o falante não tivesse feito. Para Deutschmann (2003), entretanto, o ouvinte pode ou não se perceber como ofendido, uma vez que seu entendimento sobre a ofensa não é algo determinante para a realização do ato.

Na Teoria da Polidez, especificamente no modelo de Brown & Levinson (1987), uma das principais concepções apresentadas pelos autores tem origem nos trabalhos de Goffman (1976) e diz respeito à "face". Segundo Trosborg (1995), a noção de face "está ligada ao termo folclórico inglês de 'perder a face' no sentido de ficar envergonhado ou humilhado(...)". A partir de tal quadro teórico, Olshtain faz a seguinte afirmação:

> Um pedido de desculpas é basicamente um ato de fala que visa a apoiar o H (ouvinte) que foi realmente ou potencialmente afetado por uma violação X. Na decisão de realizar o pedido de desculpas, o S (falante) está disposto a se humilhar, até certo ponto, e admitir a culpa e a responsabilidade por X. Portanto, o ato de pedir desculpas é um ato que salva a face do H [ouvinte] e ameaça a do S [falante] (...). (OLSHTAIN, 1989, p. 156-157)

Com base em seus conceitos de polidez positiva e polidez negativa, Brown & Levinson então afirmam que a face do interlocutor se divide em dois aspectos: a "face positiva", que se refere à autoimagem, incluindo seu desejo de aprovação e apreciação; e a "face negativa", que diz respeito à proteção e à reivindicação básica de seu "território", incluindo o desejo de que suas ações não sejam impedidas. O pedido de desculpas, portanto, como um ato ameaçador da face (*Face Threatening Act*, doravante FTA), põe em risco a face positiva do falante, porque o ato poderia não ser aceito, buscando, ao mesmo tempo, restaurar a face negativa do ouvinte, cuja individualidade foi ameaçada.

Para escolher as estratégias linguísticas de realização do ato de fala, tendo em vista a proteção das faces, os interlocutores avaliam a "dificuldade" (*seriousness*) do FTA com base em três variáveis, a saber:

i. A distância social (D);
ii. O poder relativo (P), e
iii. O grau de imposição do ato ilocutório (R)[22].

A distância social (D) e o poder relativo (P) são características voltadas à relação entre os interlocutores. Na primeira, que pode ser representada por um eixo horizontal, é onde se manifesta o grau de familiaridade, ou nível de intimidade, que há entre falante e ouvinte. Essa variável caracteriza relações entre amigos, colegas de trabalho, colegas de faculdade etc. No caso de amigos, por exemplo, presume-se que haja intimidade entre os interlocutores, portanto a

---

22   Em Brown & Levinson (1987, p. 74), as variáveis são representadas pelas letras (D), (P) e (R) porque correspondem respectivamente às expressões: *Social **Distance**, Relative **Power** e Absolute **Ranking** of Imposition*.

distância social é baixa. Já no caso de colegas de trabalho, que se conhecem há pouco tempo, pode-se inferir que a distância social é alta. O poder relativo, por sua vez, pode ser representado por um eixo vertical e diz respeito à hierarquia social entre os participantes da interação. Nesse âmbito, configuram-se relações como de chefe e funcionário, professor e aluno, pais e filhos etc.

O grau de imposição do ato ilocutório (R), ou seja, a terceira variável levada em consideração pelo falante, refere-se à relação custo-benefício que o ato de fala representa. Esse fator indica que quanto maior o benefício proporcionado com a realização do ato, maior será seu custo no que diz respeito às estratégias linguísticas. No caso dos pedidos de desculpas, o grau de imposição está relacionado à gravidade da ofensa, ponto verificado mais detalhadamente no tópico seguinte.

### 2.3.2. A ofensa: o grau de imposição de um pedido de desculpas

Com base no modelo teórico de Searle (1981[1969]) sobre as regras essenciais que devem ser atendidas para que um pedido de desculpas seja realizado, Owen (1983) afirma que a ofensa é parte do conteúdo proposicional, refere-se a algo que foi dito ou feito e está normalmente no passado, contudo pode envolver o falante no momento do proferimento ou ainda estar no futuro, desde que haja garantias de sua realização.

A gravidade da ofensa, conforme mencionamos ao final do tópico anterior, está diretamente relacionada ao grau de imposição do pedido de desculpas. Quando a falta é leve, o grau de imposição é considerado baixo e é natural pensar que nesses casos, é necessário um menor número de estratégias linguísticas para se desculpar. No caso de uma falta grave, ao contrário, o grau de imposição é avaliado como alto e, consequentemente, pode-se deduzir que haverá necessidade de uma quantidade maior de recursos linguísticos tanto para o jogo de proteção das faces quanto para a restauração da harmonia social[23].

Além do grau de imposição, que configura uma falta como leve ou grave, a ofensa pode também ser categorizada a partir de sua natureza. Com base nas discussões de Goffman (1971) e no estudo desenvolvido por Owen (1983), Holmes (1990) sugere seis categorias para classificar as ofensas, conforme reportado no Quadro 4.

**Quadro 4: Descrição das categorias de ofensas conforme Holmes (1990)**

| | |
|---|---|
| Inconveniência | Atos que de alguma forma incomodam o ouvinte, quando o falante não é capaz de atendê-lo ou de prestar informações solicitadas por ele; quando o falante não tem um desempenho adequado ou fornece um serviço inadequado. |
| Espaço | Faltas que ocorrem no "espaço pessoal" do ouvinte, como andar muito perto ou na sua frente, esbarrar, ocupar seu assento ou seu lugar à mesa. |
| Conversa | Atos relacionados à dinâmica conversacional que podem ofender o ouvinte, como a tomada de turno ou a interrupção. Nessa categoria, encontram-se também insultos verbais, introdução de um tópico inapropriado, erros com o uso da língua, não ouvir alguém, falar muito alto ou por muito tempo. |

---

23   Cfr. Fraser (1981); Holmes (1990); Schlenker & Darby (1981)

| | |
|---|---|
| Tempo | Atos que, de alguma forma, desvalorizam o tempo do ouvinte, como casos de atraso, esquecimento de algum compromisso, desconsideração por algum horário previamente estabelecido. |
| Posses | Faltas que representam danos ou perdas dos bens do ouvinte, como bater no seu carro, derramar algo em suas roupas, danificar sua caneta, quebrar sua máquina de lavar, ou perder um livro. Essas infrações incluem também casos relacionados a dinheiro. |
| Gafe social | Atos que transgridem regras de etiqueta social e representam um comportamento socialmente desaprovado, como arrotar ou falar enquanto come. |

Fonte: Holmes (1990)

Meier (1997) também apresenta algumas categorias de ofensa. A autora desenvolve seu estudo com os mesmos tipos de falta citados por Holmes (1990) – tempo, espaço e posse –, contudo, em seu trabalho, há ainda a categoria "confiança" (*trust*) que é descrita a partir do seguinte exemplo: "Você disse a um amigo que iria a uma festa que ele estava dando, mas quando chega o dia, você não está com disposição para uma festa; você fica em casa, ouve música e lê. No dia seguinte, você o encontra no supermercado" (MEIER, 1997, p.208). Por essa ilustração, podemos inferir que as ofensas que se relacionam à confiança são, portanto, faltas que causam decepção por não atenderem determinadas expectativas.

Desse modo, as ofensas podem, consequentemente, variar conforme a gravidade (grau de imposição) e a sua natureza. Tomando como exemplo o empréstimo de um carro a um amigo: qualquer problema que se perceba relacionado ao veículo no momento da restituição pode ser classificado como uma falta relativa à "posse". No caso em que o automóvel é devolvido somente mais sujo do que estava quando foi emprestado, a falta é de tipo leve, ou seja, de baixo grau de imposição. Já se o carro for restituído com uma série de arranhões sobre a lataria, o grau de imposição é relativamente maior e a falta é, portanto, grave.

Certamente, os trabalhos mencionados auxiliam, sobretudo, na metodologia da pesquisa, quando buscam sistematizar os tipos de ofensa. Contudo, apesar da classificação, cabe pontuar que as faltas podem variar ainda a partir de outros elementos contextuais. Com base novamente no exemplo criado sobre o empréstimo do carro, pode-se pensar que uma falta relacionada à não devolução do veículo no dia, local e data preestabelecidos pelos interlocutores, ao invés de se configurar como relativa à "posse" está voltada à "confiança". Além disso, tal falta pode ser leve, se quem emprestou não precisa do automóvel naquele período, ou grave, caso tenha alguma emergência e seu carro seja seu único meio de transporte naquele momento.

### 2.3.3. A ação reparadora: como pode ser realizada

Conforme mostramos na Figura 4, um dos elementos necessários para que ocorra um pedido de desculpas como ação reparadora é o proferimento do ato em si. Owen (1983) afirma que o ato em questão corresponde à expressão de arrependimento do falante por ter cometido uma ofensa em relação ao ouvinte. Além disso, segundo Deutschmann (2003), para que o pedido de desculpas seja realizado e reconhecido como tal deve se manifestar o reparo (*remedy*), que contém três importantes aspectos, pois o falante:

a. Reconhece que cometeu a ofensa;
b. Aceita a responsabilidade pela falta;
c. Expressa arrependimento.

Conforme mencionamos no início deste capítulo, o pedido de desculpas tende a ser realizado por um conjunto limitado de expressões formulaicas. No italiano contemporâneo, especificamente, segundo Ghezzi & Molinelli (2019),

> (...) um grupo de formas derivadas do lexema scus (...) é percebido pelos falantes como a realização prototípica do ato de fala do pedido de desculpas sendo as formas mais comuns, frequentes e não marcadas usadas para se desculpar. Essas fórmulas apologéticas (...) podem assumir diferentes características morfológicas, pois podem incluir a forma *scusa* (...), mas também fórmulas delocutivas (*ti faccio le mie scuse*, (...) (*ti*) ***chiedo/domando scusa*** (...)) ou verbos delocutivos diferentes: (*mi*) ***scusi*** (...), ***scusatemi*** (...); performativos: ***mi scuso*** (...)) (p. 245, grifos nossos)

Contudo, a gama limitada de formas altamente convencionalizadas pelas quais o pedido de desculpas pode ser realizado não quer dizer que o ato não seja provido de complexidade. Além disso, o proferimento de um pedido de desculpas pode contar com uma série de recursos linguísticos que, como mencionado, acabam sendo escolhidos conforme variáveis que permeiam o contexto interacional, como a relação entre os interlocutores e o grau de imposição do ato. A esse propósito, Coulmas (1981) faz a seguinte afirmação:

> Não se deve esquecer que, embora o uso de expressões padronizadas não seja considerado como uma diminuição da força de um pedido de desculpas, é claro que existe uma grande variedade de fórmulas que permitem ao falante ajustar o pedido de desculpas à seriedade do objeto de arrependimento. (p. 88)

Neste livro, entendemos que os recursos linguísticos a que os falantes podem recorrer para a realização de um pedido de desculpas são, principalmente, as ditas "estratégias". Nos tópicos seguintes, serão apresentadas, de maneira mais específica, as definições aqui adotadas para cada uma delas, elaboradas a partir das propostas contidas nos principais estudos sobre esse ato de fala.

— *Estratégias para a realização do pedido de desculpas*

Como afirmado, o pedido de desculpas é um ato de fala que tende a ser realizado por meio de expressões convencionalizadas e facilmente reconhecidas pelos interlocutores. Contudo, o ato em questão pode ser também realizado por meio outras manifestações linguísticas como explicações, relatos de situação, demonstração de empatia em relação ao ouvinte etc. De acordo do que foi apresentado no decorrer deste capítulo, elementos contextuais como a relação entre os interlocutores e o grau de imposição do ato ilocutório levam o falante à necessidade de escolher diferentes estratégias para demonstrar arrependimento.

No trabalho de Olshtain & Cohen (1983), afirma-se que, quando o falante está disposto a se desculpar por uma ofensa, cinco fórmulas semânticas potenciais utilizadas individualmente ou em combinação, parecem surgir, a saber:

1. Expressão de um pedido de desculpas (*An expression of an apology*)
2. Explicação ou relato da situação (*An explanation or account of the situation*)
3. Reconhecimento de responsabilidade (*An acknowledgment of responsibility*)
4. Oferta de reparo (*An offer of repair*)
5. Promessa por mudança de comportamento (*Promise of forbearance*)

Os estudiosos explicam que a primeira estratégia pode ser subdividida em três fórmulas: a) uma expressão de arrependimento; b) um oferecimento de desculpas; c) um pedido de perdão. Com as estratégias dessa categoria, o pedido de desculpas é direto e sua realização ocorre por meio de verbos ou expressões frequentemente utilizadas para esse fim, conforme os exemplos em língua inglesa apresentados pelos autores: *"I'm sorry"*, *"I apologize"*, *"Please forgive me"*. Além disso, segundo os estudiosos, "na maioria dos casos, apenas uma das fórmulas é suficiente para realizar um pedido de desculpas, mas muitas vezes duas ou três são combinadas e, portanto, criam uma intensidade maior do pedido de desculpas" (OLSHTAIN & COHEN, 1983, p. 22).

Por meio da segunda estratégia – "explicação ou relato da situação" – o falante se justifica recorrendo aos fatos que indiretamente ocasionaram a falta. Desse modo, conforme exemplo dado pelos autores, um atraso pode ser explicado por meio do proferimento "*The bus was delayed*".

Na sequência, a terceira estratégia corresponde ao reconhecimento da responsabilidade pela falta. Segundo Olshtain & Cohen (1983), tal recurso pode ser usado por meio de outras quatro subestratégias:

a. Admitindo a culpa pela ofensa (*It is my fault.*/É minha culpa.)
b. Expressando auto incapacidade (*I was confused.*/Eu estava confuso.)
c. Reconhecendo que o ouvinte merece desculpas (*You are right!*/Você está certo.)
d. Expressando falta de intenção (*I didn't mean to.*/Eu não tive a intenção.)

As duas últimas estratégias, por fim, conforme ressaltam os autores, são bastante específicas para cada contexto de realização. Uma oferta de reparo é relevante somente se a ofensa causou algum tipo de dano físico ou material e, portanto, é possível algum tipo de ressarcimento. Do mesmo modo, para que haja uma promessa de mudança de comportamento, o falante deve cometer repetidamente a mesma falta, sendo que poderia evitá-la.

As categorias de Olshtain & Cohen (1983) serviram de base para o desenvolvimento de uma série de trabalhos, inclusive o projeto de Blum-Kulka *et al* (1989), no que se refere à investigação dos pedidos de desculpas. As cinco fórmulas potenciais para a realização do pedido de desculpas definiram a unidade de análise, que foi delimitada a partir da sequência de enunciados fornecida pelos informantes na realização do ato. As estratégias então encontradas nos *corpora* foram categorizadas, conforme buscamos esquematizar no Quadro 5, onde reportamos ainda alguns exemplos em inglês:

Quadro 5: Estratégias para realização do pedido de desculpas conforme Blum-Kulka *et al* (1989)

| Categorias | Função/Subcategoria | | Exemplos |
|---|---|---|---|
| Apelo | Elemento cuja função é chamar a atenção do ouvinte para o ato de fala que será realizado (nome e/ou sobrenome, função social, apelido, pronome etc.) | | *Professor; waiter* Professor; garçom |
| Dispositivos indicadores de força ilocutória (DIFI)[24] | Expressões rotinizadas para o proferimento do pedido de desculpas. | | *Sorry; I apologize for; Forgive me.* Desculpe; Eu peço desculpa por; Me perdoe |
| Reconhecer a responsabilidade | Para acalmar o ouvinte, o falante opta por expressar sua responsabilidade pela ofensa. Tal estratégia pode ser realizada das seguintes formas: | Explícita | *My mistake.* Meu erro. |

---

24 A sigla DIFI se refere à tradução da expressão em inglês *Illocutionary Force Indicating Device*.

| | | | |
|---|---|---|---|
| | | Expressando falta de intenção | *I didn't mean to upset you.*<br>Eu não queria te chatear. |
| | | Reconhecendo que a reação do ouvinte é justificada | *You're right to be angry.*<br>Você está certo em estar com raiva. |
| | | Expressando constrangimento | *I feel awful about it.*<br>Eu me sinto mal por isso. |
| | | Admitindo os fatos, mas não se responsabilizando completamente | *I missed the bus.*<br>Perdi o meu ônibus. |
| | | Reconhecendo os fatos, mas recusando completamente a culpa | *It wasn't my fault.*<br>Não foi culpa minha.<br>*It's your own fault.*<br>Foi sua própria culpa.<br>*I'm the one to be offended!*<br>Eu sou o único a ficar ofendido! |
| Explicação ou relato | O falante busca atenuar a situação explicando ou relatando os fatos que o levaram a cometer a falta. | | *The traffic was terrible.*<br>O trânsito estava terrível. |
| Oferta de reparo | Nos casos em que a falta pode ser compensada, o falante oferece o reparo. | | *I'll pay for the damage.*<br>Eu pagarei pelo dano. |
| Promessa de mudança de comportamento | O falante promete que o ato ofensivo não ocorrerá novamente. | | *This won't happen again.*<br>Isto não acontecerá de novo. |
| Preocupação com o ouvinte | O falante reconhece explicitamente o sentimento que a ofensa pode ter causado no ouvinte | | *I hope I didn't upset you.*<br>Espero não ter te chateado. |
| Distrator da ofensa | Movimentos pelos quais o falante busca desviar a atenção do ouvinte de sua própria | Questionar as condições prévias | *Are you sure we were supposed to meet at 10?*<br>Tem certeza que deveríamos nos encontrar às 10? |

| | responsabilidade. Essas estratégias incluem: | Agir inocentemente/ fingir não perceber a ofensa | *Am I late?* Eu estou atrasado? |
| --- | --- | --- | --- |
| | | Orientar as observações para o futuro (e não para a ofensa que está no passado) | *Let's get to work, then!* Vamos trabalhar, então! |
| | | Recorrer ao humor | *If you think that's a mistake, you ought to see our fried chicken!* Se você acha que isso é um engano, deveria ver nosso frango frito! *(dito por um garçom que errou o pedido)* |
| | | Apaziguar por meio de recompensas (não relacionadas ao reparo ao dano) | *I'll buy a cup of coffee.* Eu te pago um café. |

Tendo em vista, conforme mencionado, que a pesquisa de Olshtain & Cohen (1983) serviu de base para o desenvolvimento do trabalho de Blum-Kulka *et al* (1989), é natural que as categorias apresentadas no primeiro estudo tenham sido encontradas também no segundo. Contudo, por meio do Quadro 5, é possível observar que, com a análise dos *corpora*, as autoras do estudo cross-cultural encontraram como recurso linguístico para a realização do pedido de desculpas novas estratégias (por exemplo, "Apelo" e "Distrator da ofensa").

Além disso, observa-se que, enquanto a subestratégia "expressar auto-deficiência" de Olshtain & Cohen (1983) não é indicada pelas autoras, no projeto CCSARP, a estratégia "reconhecer a responsabilidade" é composta por três novas subcategorias: "admitindo os fatos, mas não se responsabilizando completamente", "recusando o reconhecimento daculpa", "expressando constrangimento".

Cabe ainda ressaltar que, além das categorias e subcategorias reportadas no Quadro 5, como parte das estratégias que podem ser utilizadas na realização de um pedido de desculpas, as autoras inserem os intensificadores e atenuadores, ou seja, recursos linguísticos a que os falantes podem recorrer especificamente para modular a força ilocutória do ato de fala. Os intensificadores, segundo Blum-Kulka *et al* (1989), podem, por exemplo, reforçar o IDFI (*"I'm terribly sorry"*), enquanto os atenuadores, acrescentados a outras estratégias, podem minimizar a ofensa (*"Sorry, but we never start on time anyhow"*).

Concentrando-se nas situações em que o falante assume que cometeu uma falta em relação ao ouvinte, Trosborg (1995) apresenta as estratégias que podem ser utilizadas na realização do pedido de desculpas, subdividindo-as em quatro tipos, a saber: i) evasivas, ii) indiretas, iii) diretas e iv) suporte reparador. Tais estratégias são subdivididas em novas categorias, as quais assumem outras funções, conforme resumido no Quadro 6, juntamente com exemplos extraídos do texto:

Quadro 6: Estratégias para realização do pedido de desculpas conforme Trosborg (1995)

| Estratégias evasivas | Minimizar | *Oh what does that matter, that's nothing.* Oh, o que isso importa, isso não é nada. |
|---|---|---|

|  |  | Questionar as condições prévias | *Well, everybody does that.* Bem, todo mundo faz isso. |  |
|---|---|---|---|---|
|  |  | Culpar em parte uma terceira pessoa | (sem exemplos) |  |
| **Estratégias indiretas** | Reconhecimento da responsabilidade | Reconhecimento implícito | *I can see your point.* Eu entendo seu ponto de vista. |  |
|  |  | Reconhecimento explícito | *I'll admit I forgot to do it.* Eu admito que esqueci de fazer isso. |  |
|  |  | Expressar falta de intenção | *I didn't mean to.* Não foi minha intenção. |  |
|  |  | Expressar auto-incapacidade | *I was confused.* Eu estava confuso. |  |
|  |  | Expressar constrangimento | *I feel so bad about it.* Eu me sinto muito mal com isso. |  |
|  |  | Aceitar explicitamente a culpa | *It was entirely my fault.* Foi totalmente minha culpa. |  |
|  | Explicações ou relato da situação | Implícito | *Such things are bound to happen, you know.* Essas coisas estão fadadas a acontecer, você sabe. |  |
|  |  | Explícito | *Sorry I'm late, but my car broke down.* Desculpe pelo atraso, mas meu carro quebrou. |  |
| **Estratégias diretas** | Expressões formulaicas |  | *I'm sorry to keep you waiting.* Me desculpe por te fazer esperar. |  |
|  |  |  | *Please accept my sincere apology (for…)* Por favor, aceite minhas sinceras desculpas (por…) |  |
|  |  |  | *Please, forgive me.* Por favor, me perdoe. |  |

| | Expressar preocupação com o ouvinte | (sem exemplos) |
|---|---|---|
| **Suporte reparador** | Prometer mudança de comportamento | *It won't happen again, I promise.* <br> Não vai acontecer de novo, eu prometo. |
| | Oferecer reparo | *I'll pay for the cleaning.* <br> Eu pago pela limpeza. |

No confronto entre o trabalho de Trosborg (1995) e o estudo de Blum-Kulka *et al* (1989), percebe-se, primeiramente, que a autora, diferentemente daquilo que ocorre no projeto cross-cultural, organiza suas estratégias em três classes maiores, partindo basicamente dos aspectos: evasão, (in)diretividade e suporte ao ouvinte. Conforme explicado pela estudiosa, recursos de tipo evasivo são aqueles a que o falante, embora tenha assumido sua responsabilidade pela falta, recorre para tentar minimizar a culpa e/ou a gravidade da ofensa. Estratégias ditas indiretas, são aquelas que expressam o reconhecimento da responsabilidade pela falta por meio de explicações ou relato de situações que levaram o falante a cometer a falta. As diretas, por sua vez, referem-se ao uso de verbos e/ou expressões de rotina para pedir desculpas, demonstrar arrependimento ou pedir perdão. Por fim, o suporte reparador é o recurso pelo qual o falante se desculpa demonstrando apoio ao ouvinte.

Na comparação dos estudos, observa-se ainda certa falta de acordo sobre a maneira como as subcategorias de cada estratégia são apresentadas. Para Blum-Kulka *et al* (1989), recursos por meio dos quais o falante admite a falta, porém não se responsabiliza completamente por ela, fazem parte de "reconhecer a responsabilidade". Já em Trosborg (1995), essas estratégias compõem a categoria "evasivas", ou seja, equivalem a uma tentativa de minimizar a ofensa e/ou a responsabilidade do falante. Pertence às "evasivas" também a estratégia a que o falante recorre para questionar as condições prévias. No estudo cross-cultural, esse recurso é considerado um "distrator da ofensa". Além disso, enquanto no projeto CCSARP o "reconhecimento da responsabilidade" e a "explicação ou relato da situação" são entendidas essencialmente como categorias distintas, para Trosborg, essas estratégias pertencem à mesma classe (indiretas). O mesmo ocorre com a "promessa de mudança de comportamento" e a "oferta de reparo": enquanto para Blum-Kulka *et al* esses recursos aparentemente não se relacionam, para Trosborg consistem em subcategorias de uma mesma classe ("suporte reparador").

Embora cada um dos dois estudos adote uma organização própria para apresentar as estratégias, as descrições e os exemplos fornecidos permitem verificar que não há diferenças significativas no que diz respeito a sua funcionalidade.

Mais um estudo que investiga o pedido de desculpas é o de Aijmer (1996) que, com o objetivo de estudar rotinas conversacionais em inglês, analisa um *corpus*, composto por conversas espontâneas face a face, discussões de rádio e conversas telefônicas. Com base em suas análises e em trabalhos precedentes[25], a autora sugere 13 estratégias para a realização

---

25  Para definir suas estratégias, Aijmer (1996) leva também em consideração as categorias instauradas por Fraser (1981), Olshtain e Cohen (1983) e Trosborg (1987).

de pedidos de desculpas. Como pode ser verificado nos quadros que seguem, Aijmer (1996) as divide entre "explícitas" e "implícitas" (Quadro 7 e Quadro 8, respectivamente).

Quadro 7: Estratégias explícitas para o pedido de desculpas conforme Aijmer (1996)

| Estratégias | Exemplos | |
|---|---|---|
| A | **Pedir desculpas explicitamente** | *I apologize (for)* **Eu me desculpo (por)** |
| B | Oferecer (dar, apresentar) desculpas | *I present my apologies* Eu apresento minhas desculpas |
| C | Reconhecer uma dívida de desculpas | *I owe you an apology* Eu te devo desculpas |
| D | **Expressar arrependimento** | *I'm sorry, I'm afraid that* **Me desculpe, Eu tenho medo que** |
| E | Pedir perdão | *Pardon me, excuse me* Me perdoe, me desculpe |
| F | Solicitar explicitamente o perdão do ouvinte | *I beg your pardon* Eu imploro seu perdão |

Quadro 8: Estratégias implícitas para o pedido de desculpas conforme Aijmer (1996)

| | | |
|---|---|---|
| G | Dar uma explicação ou contar | **(*I'm sorry*) *it's so unusual*** **(Eu sinto muito), isso é muito incomum** |
| H | Autodepreciar ou autocensurar | *How stupid of me, how awful, I ought to know this* Que estúpido da minha parte, que horrível, eu deveria saber disso |
| I | Minimizar a responsabilidade | *I didn't mean to... I thought this was ... I was thinking it was...* Eu não queria... Eu pensei que era... eu estava pensando que era... |

| J | Expressar emoção | *Oh (I'm so sorry)* <br> Oh (Eu sinto muito) |
|---|---|---|
| K | Reconhecer a responsabilidade pelo ato infrator | *That was my fault* Isso foi minha culpa |
| L | Prometer um comportamento moderado | *I promise you that will never happen again* <br> Eu prometo que isso nunca acontecerá novamente |
| M | Oferecer reparação | *Please let me pay for the damage I've done* <br> Por favor, deixe-me pagar pelo dano que fiz |

Segundo a autora, as estratégias de tipo explícito são mais diretas e, a partir dos exemplos dados, é possível verificar que tais meios consistem no uso de verbos e expressões de rotina. As estratégias implícitas, segundo a estudiosa, exercem, por sua vez, a função de "suavizadores" (*softeners*) e consistem em relatos da situação ou na minimização da responsabilidade pela falta cometida. A partir dos exemplos, observa-se, portanto, que estratégias de tipo implícito são recursos linguísticos que se diferenciam das expressões ou verbos convencionalizados e, desse modo, acrescentam mais informações durante a realização do ato.

Além da separação entre implícitas e explícitas, as categorias propostas por Aijmer são ainda subdivididas entre "emocionais", destacadas em negrito, e não emocionais. Para a autora, diferentemente dessas, a estratégias de tipo emocional (A, D, G E J) "expressam a atitude do falante em relação a um estado de coisas que se supõe verdadeiro" (AIJMER, 1996, p. 84).

Comparando as estratégias da autora com os trabalhos apresentados até este ponto do tópico, observa-se que assim como Trosborg (1995), Aijmer também organiza suas estratégias em classes maiores – explícita e implícita, emocionais e não emocionais. Entretanto, no que tange à função de cada recurso, salvo a categoria "expressar emoção", que diz respeito ao uso de interjeições como o "*Oh*" indicado no exemplo, não há diferenças significativas entre as estratégias utilizadas na realização do ato em questão.

Outro quadro teórico que fornece um esquema com estratégias para a realização do pedido de desculpas é apresentado por Meier (1997), que se ocupa de examinar o ato em questão no alemão austríaco, considerando o que entende como "variáveis situacionais" (*situational variables*) – por exemplo a relação entre os interlocutores e a gravidade da ofensa – e como "temas culturais" (*cultural themes*) – como a questão da responsabilidade pessoal, ou então, formas de abordar situações desagradáveis. Meier apresenta 17 estratégias para a realização do pedido de desculpas, as quais são agrupadas em três supercategorias, conforme se configuram a partir da perspectiva adotada pelo falante em relação ao ouvinte.

Na primeira supercategoria, a orientação é de tipo "Falante → Ouvinte", ou seja, o falante assume que o ouvinte é a vítima da ofensa e, assim, demonstra apreço por seus sentimentos. No Quadro 9, seguem as estratégias que compõem essa primeira supercategoria com os respectivos exemplos, também fornecidos pela autora.

Quadro 9: Primeiro grupo de estratégias segundo Meier (1997)

| Falante → Ouvinte | |
|---|---|
| Categorias | Exemplos |
| Emotivas | *oh dear* <br> Oh caro |
| Sentimentos negativos | *it's embarrassing* <br> Isso é embaraçoso |
| Aceitação explícita da culpa | *it's my fault* <br> É minha culpa |
| Empatia com ouvinte/ vítima | *I know that's extremely unpleasant for you* <br> Eu sei que isso é extremamente desagradável para você |
| Expressão de não ter causado um dano | *I hope it doesn't matter* <br> Espero que isso não importe |
| Declaração explícita de violação | *I told him* <br> Eu disse a ele |
| Julgamento negativo | *I shouldn't have done that* <br> Eu não deveria ter feito isso |
| Reparação | *I'll take care of the damages* <br> Eu vou cuidar dos danos |
| Expressão de apreciação | *Thank you for your understanding* <br> Obrigado pela sua compreensão |

Fonte: Meier (1997, p. 207)

Ao relacionarmos o primeiro grupo de estratégias de Meier (1997) com os estudos mencionados até este ponto do tópico, observa-se, primeiramente, que algumas categorias são as mesmas daquelas apresentadas nos trabalhos anteriores. A "oferta de reparo" é considerada por todos os estudos citados e, além disso, assim como Aijmer (1996), Meier também considera as interjeições – "emotivas" – uma estratégia para a realização do pedido de desculpas.

Em segundo lugar, verifica-se que algumas das subcategorias com a orientação "Falante → Ouvinte", embora se apresentem com nomes diferentes, parecem desempenhar a mesma função de estratégias já indicadas nos trabalhos anteriores. Conforme os exemplos dados pela autora, o "sentimento negativo" equivale à "expressão de constrangimento". A "aceitação explícita da culpa", o "demonstrar empatia" e a "declaração explícita de violação", por sua vez, são semelhantes ao "reconhecimento da responsabilidade".

Por fim, cabe ressaltar que nesse primeiro conjunto de categorias, há, entretanto, uma estratégia que ainda não tinha sido mencionada: a "expressão de apreciação". O exemplo apresentado por Meier (*"Thank you for your understanding"*) permite perceber que se trata de um agradecimento, ou seja, um ato que pode suportar a ação reparadora no sentido de salvar ou proteger a face do ouvinte.

O segundo grupo de estratégia se configura pela orientação "Falante ← Ouvinte" e as categorias que o compõem implicam, desse modo, uma tentativa do falante em fazer com que o ouvinte entenda sua posição. No Quadro 10, seguem as estratégias desta supercategoria, assim como os exemplos extraídos do texto original com a respectiva tradução.

Quadro 10: Segundo grupo de estratégias segundo Meier (1997)

| Falante ← Ouvinte ||
|---|---|
| **Estratégias** | **Exemplos** |
| Apresentar desculpas | *I had a flat tire*<br>Eu estava com um pneu furado |

| | |
|---|---|
| Justificação | *it was better for the party* <br> Foi melhor para a festa |
| Promessa de mudança de comportamento | *it won't happen again* <br> Não vai acontecer novamente |
| Declaração explícita de incoerência | *that's unusual* <br> Isso não é comum |
| Apelo ao entendimento do ouvinte/vítima | *you know how it is* <br> Você sabe como é |
| Brincadeira | *I hope the dentist doesn't take revenge by drilling* <br> Espero que o dentista não se vingue |

Fonte: Meier (1997, p. 208)

Na orientação "Falante ← Ouvinte", é possível observar, como em categorias mencionada anteriormente, a "promessa de mudança de comportamento". Nessa segunda supercategoria, verifica-se novamente que algumas estratégias parecem se relacionar às categorias já citadas. "Apresentar desculpas", "justificação" e "declaração explícita de inconsistência", com base nos exemplos indicados, são semelhantes a "explicação ou relato da situação". Além disso, há ainda a "brincadeira", que equivale diretamente ao "recorrer ao humor" – subestratégia do "distrator da ofensa" de Blum-Kulka *et al* (1989).

Como recurso inédito para a realização do pedido de desculpas, constata-se, por fim, o "apelo ao entendimento da vítima". Uma estratégia semelhante a esta última é a "empatia com ouvinte/vítima", pertencente à primeira "supercategoria", cuja orientação é "Falante → Ouvinte". Contudo, enquanto no primeiro grupo a estratégia condiz com o falante demonstrando empatia pelo ouvinte como vítima, na orientação oposta, o ofensor apela ao sentimento de compreensão do ouvinte para amenizar sua responsabilidade pela falta cometida.

No Quadro 11, estão, finalmente, as estratégias que compõem a terceira supercategoria de Meier (1997), cuja orientação se configura como "Falante →← Ouvinte". Segundo a autora, nas estratégias desse grupo, o foco está na absolvição, ou seja, na tentativa, por parte do falante, de melhorar sua imagem e manter (ou restaurar) o equilíbrio da relação com o ouvinte.

Quadro 11: Terceiro grupo de estratégias segundo Meier (1997)

| "Falante →← Ouvinte" ||
|---|---|
| Estratégias | Exemplos |
| Fórmulas de rotina | *excuse me* <br> Desculpe-me |
| Esperança para a continuação do *Status Quo* | *don't be mad at me* <br> Não fique bravo comigo |

Fonte: Meier (1997, p. 208)

Como pode ser observado, o terceiro grupo é formado por apenas duas estratégias. A primeira – "fórmulas de rotina" – refere-se ao IDFI de Blum-Kulka *et al* (1989), às estratégias mais diretas na visão de Trosborg (1995) ou às explícitas, conforme classificação de Aijmer (1996). A "esperança para a continuação do *status quo*", segunda e última estratégia dessa supercategoria, por sua vez, pode ser considerada inédita, tendo em vista que não foi mencionada pelos trabalhos que citamos e, ainda, não se relaciona diretamente com nenhum dos recursos apresentados até então.

Por fim, o último modelo teórico que oferece uma categorização de estratégias que podem ser utilizadas na realização do pedido de desculpas emerge do trabalho de Nuzzo (2007), cujo objetivo é observar a evolução da competência pragmática de aprendizes de italiano L2. Para analisar os dados, a autora toma como unidade de referência o ato comunicativo (*atto comunicativo*), composto por núcleo e atos de suporte. O núcleo tem como tarefa principal transmitir a manifestação de arrependimento e pode ser constituído por um ou mais sub-atos (*sotto-atti*) – ou estratégias – que são utilizados pelos falantes, de forma individual ou em combinação, para realizar o pedido de desculpas. Os atos de suporte (*supportive moves*), por sua vez, são apresentados originalmente no trabalho de Blum-Kulka *et al* (1989), como estratégias para realização de pedidos. Nesse estudo, as autoras explicam que os pedidos geralmente são precedidos de verificações de disponibilidade, justificativas ou ainda por tentativas de obter um pré-comprometimento por parte do ouvinte em realizar aquilo que deseja o falante. Da mesma maneira, podem ser acompanhados de promessas ou ameaças para que o ouvinte se convença a atender o falante. Esses atos se referem a "uma unidade externa ao pedido, que modifica seu impacto reforçando ou mitigando sua força" (BLUM-KULKA *et al*, 1989, p. 276). No trabalho de Nuzzo (2007, p. 166), os atos de suporte são parte das estratégias utilizadas para enunciar o pedido de desculpas e "mesmo não sendo capazes de veicular a força locutória do ato de fala, são, contudo, funcionais para sua realização uma vez que fornecem uma moldura de preparação ou suporte."

No Quadro 12, estão organizadas as estratégias para a realização do pedido de desculpas encontradas pela autora a partir da análise do *corpus* com que trabalhou, seguidas dos exemplos originais apresentados na obra:

Quadro 12: Estratégias para a realização do pedido de desculpas segundo Nuzzo (2007)

| Estratégias | Exemplos |
| --- | --- |
| Admissão da culpa | *mi sono dimenticato il libro*<br>esqueci o livro |
| Evento negativo | *s'è rotto il tappino*<br>a tampa quebrou |
| Expressão de arrependimento | *hmm mi spiace però*<br>eu lamento |
| Justificativa | *ieri sera ho fatto una festa sono venuti un po' di amici senti io ieri sera ero stanca morta*<br>ontem à noite eu fiz uma festa, vieram alguns amigos, escuta eu, ontem à noite, estava morta de cansada |
| Falta de intencionalidade | *non l'ho fatto apposta*<br>não fiz de propósito |
| Oferta de reparo | *glielo raccolgo*<br>eu pego |
| Pedido de perdão | *ops scusa ops!*<br>Desculpa |
| Verificação da gravidade | *è un grosso problema?*<br>é um problema sério? |

Focalizando as estratégias apresentadas por Nuzzo (2007), é possível perceber que, das oito categorias, seis já foram mencionadas nos trabalhos citados no decorrer deste tópico. A "admissão da culpa" se aproxima do "reconhecimento da responsabilidade" e o que é identificado como "justificativa" equivale, conforme exemplo dado pela autora, à "explicação ou relato da situação". Do mesmo modo, a "expressão de arrependimento" e o "pedido de perdão" parecem corresponder às estratégias diretas de Trosborg (1995) ou explícitas em Aijmer (1996) e são o IDFI do projeto cross-cultural de Blum-Kulka *et al* (1989). A "falta de intencionalidade" e a "oferta de reparo" são, por fim, estratégias idênticas àquelas dos trabalhos anteriormente apresentados.

Diferentemente, entretanto, do que foi reportado até este ponto, Nuzzo (2007) aponta em suas estratégias duas categorias que parecem inéditas:

i. o "evento negativo" que, conforme o exemplo, aparenta uma constatação da falta, sem que, necessariamente, haja um pedido de desculpa explícito, criando um efeito de impessoalização, como se não houvesse um sujeito responsável pelo erro;

ii. a "verificação da gravidade" que embora se aproxime do "questionar as condições prévias" de Blum-Kulka *et al* (1989), que busca garantir certa normalidade para minimizar a gravidade da falta, está mais direcionada a confirmar se a falta foi, de fato, um ato grave ou não.

No Quadro 13, seguem por fim, os atos de suportes individualizados por Nuzzo (2007), juntamente com as respectivas funções e os exemplos usados pela autora:

**Quadro 13: Atos de suporte utilizados na realização do pedido de desculpas segundo Nuzzo (2007)**

| Ato de suporte | Função | Exemplos |
|---|---|---|
| Apelo | Chamar atenção do interlocutor. Pode ser o nome próprio do interlocutor ou um elemento vocativo, ou ainda a combinação dos dois | *Senti!/ Senta, signora!* Escute!/ Escute, senhora! |
| Auto depreciador | Ressalta a característica represensível do comportamento ou do caráter do falante, quase a ponto de prevenir um julgamento negativo por parte do interlocutor | *Io so sono un po' sbadata ma eh non mi ricordo mai quanti soldi ho nel portafoglio* Eu sei, sou um pouco distraída eh nunca me lembro quanto de dinheiro tenho na carteira |
| Minimizador | Procura reduzir a culpa do falante ou do evento negativo por ele realizado | *s'è rovesciato un po' di caffè sul libro sulla copertina sono un paio di macchie* Caiu um pouco de café sobre o livro sobre a capa são só algumas manchinhas |
| Preparador | Avisa o interlocutor sobre a intenção do falante em fazer uma "confissão" | *eh devo dirti una cosa stavo lavando i piatti (...)* Eh tenho que te dizer uma coisa, eu estava lavando os pratos (...) |
| Apaziguador | Mostra o quanto o interlocutor está consciente sobre o inconveniente que causou ao ouvinte | *so che è una cosa tremenda perché poi i libri sono una cosa importante però quel deficiente del mio gatto (...)* Sei que é uma coisa terrível porque os livros são uma coisa importante, porém o estúpido do meu gato (...) |

Alguns dos recursos colocados por Nuzzo (2007) como atos de suporte são entendidos, nos estudos apresentados anteriormente como estratégias para a realização do pedido de desculpas. Com exceção do "preparador", cuja função é basicamente avisar o ouvinte que o ato principal será realizado, todos os outros atos de suporte correspondem a estratégias já encontradas nos estudos consultados: o "apelo", usado para chamar a atenção do ouvinte por meio do nome ou sobrenome, apelido, função social etc. é uma das estratégias citadas no projeto CCSARP ("alerta"); o "auto depreciador" aparece como "expressão de auto incapacidade" nos trabalhos de Olshtain & Cohen (1983) e Trosborg (1995) e como "autocensura" em Aijmer (1996); o "minimizador", estratégia à qual o falante recorre para atenuar sua culpa ou a gravidade ofensa, é também mencionada por Blum-Kulka *et al* e Trosborg; por fim, o "apaziguador", que tem a função de demonstrar ao ouvinte que o falante está consciente da ofensa, pode ser considerado uma forma de "reconhecer a responsabilidade pela ofensa" conforme Blum-Kulka *et al* (1989) ou comporta a função de "explicação ou relato da situação", segundo o estudo de Trosborg (1995).

Na relação entre os estudos consultados, percebe-se que, mesmo se tratando de pesquisas desenvolvidas em contextos diversos, com objetivos e, em alguns casos, línguas diferentes, as categorias se diferenciam em cada estudo mais pela perspectiva dada às estratégias do que por sua funcionalidade na realização do ato. Trosborg (1995), por exemplo, concentra-se na questão da (in)diretividade, contudo, muitas das suas categorias equivalem exatamente àquelas apresentadas por Blum-Kulka *et al* (1989). Algo na mesma direção ocorre com Aijmer (1996), que busca classificar os recursos como implícitos ou explícitos, emocionais e "não-emocionais"; e Meier (1997), que foca no aspecto cultural, orientando sua categorização a partir da perspectiva falante-ouvinte.

Além disso, e válido mencionar que os trabalhos também não são unânimes quanto à unidade de análise, o que acaba por definir o modo como são classificadas as expressões pelas quais os falantes se desculpam. Para Blum-Kulka *et al* (1989), os "alertas" são considerados estratégias. Já em Nuzzo (2007), tal estratégia, denominada "apelo", é um ato de suporte, ou seja, está fora do núcleo do ato de fala. Essa observação é bastante relevante quando se pensa na elaboração de categorias para análise de informações. Os estudos já publicados, indiscutivelmente, oferecem bases teóricas e metodológicas consistentes para o desenvolvimento de novas pesquisas. No entanto, na criação de categorias para observar os dados, é crucial levar em conta o contexto e os objetivos específicos de cada trabalho.

### 2.3.4. A (re)ação: possíveis respostas a um pedido de desculpas

Para abordar as respostas a um pedido de desculpa – última seção deste capítulo – retomamos o exemplo de Goffman (1976, p. 67): "Um pedestre tropeça no outro, diz 'Desculpe', ao passar, é respondido com 'Ok', e cada um segue seu caminho". A partir de sua colocação, o sociólogo indica os elementos básicos que compõem um pedido de desculpas como atividade reparadora e, para dar continuidade às suas reflexões, transcreve seu exemplo em turnos, da seguinte maneira (p.68):

**Ato:** A tropeça em B.
**A:** Desculpe.
**B:** Tudo bem.

Goffman ilustra aqui os três movimentos da ação reparadora e mostra, mesmo que de forma prototípica, a natureza sequencial do pedido de desculpas. O ato, portanto, é uma reação à primeira ação (ofensa), ocupa a segunda posição em uma troca de três movimentos, e é seguido, por fim, de uma resposta. Segundo Coulmas (1981), em muitos casos, apenas o ambiente sequencial de uma expressão pode dizer que tipo de ato de fala foi realizado. As condições de posicionamento sequencial de uma determinada expressão são, portanto, muito reveladoras no que diz respeito ao seu potencial funcional.

De fato, é dessa forma que Businaro (2002) analisa os pedidos de desculpas em italiano no seu estudo. Para diferenciar as possíveis funções do ato, a autora verifica primeiramente se sua realização ocorre por meio de um verbo expressivo, constata se as condições contextuais são adequadas e, então, se o ato pode ser inserido em uma sequência conversacional tripartida, composta de:

a. gatilho verbal ou não verbal (ofensa),
b. primeiro movimento reparador (pedido de desculpas), e
c. resposta ao primeiro movimento reparador.

Conforme Fraser (1981), assim como existem estratégias de realização de um pedido de desculpas, há também estratégias de respostas a esse ato. Diante da ação reparadora, segundo o autor, o ouvinte pode:

a. rejeitar a necessidade do pedido de desculpas;
b. negar que, de fato, houve uma ofensa;
c. expressar apreço pela preocupação do falante; ou
d. recusar a responsabilidade do falante pela falta.

Todas essas estratégias são casos de respostas preferidas, categoria também encontrada nas análises de Businaro (2002). Ao verificar seus dados, a estudiosa italiana observou que as respostas são movimentos flexíveis, ou seja, podem ou não aparecer. Além disso, podem se apresentar por meio de uma realização linguística ou extralinguística. Os casos de manifestação verbalizada à atividade reparadora foram categorizados da seguinte forma:

a. validação da atividade reparadora;
b. tentativa de diminuir a gravidade da ofensa; e
c. negação da ofensa.

De forma muito similar, as categorias apresentadas por Businaro são também mencionadas por Leech (2014). De acordo com o autor, para responder a um pedido de desculpa, assim como acontece com vários outros atos de fala mais sensíveis às questões de polidez, há uma preferência pela opção "polida" e isso pode ser feito da seguinte maneira:

a. negando a realidade da ofensa;
b. sugerindo que a falha foi trivial o suficiente para ser ignorada; ou
c. aceitando o pedido de desculpas como recompensa suficiente pela falha.

Em seu estudo sobre a organização sequencial do pedido de desculpas, Robinson (2004) afirma que as respostas preferidas, de alguma forma, atenuam ou, até mesmo, invalidam a necessidade de realização de ato. Esses casos, segundo o autor, incluem a absolvição, que simultaneamente reconhece a admissão de uma possível ofensa, mas afirma que nenhuma ofensa realmente ocorreu, e respostas que discordam da necessidade de se desculpar, o que enfraquece o pressuposto de que o pedido de desculpas deve ser realizado porque uma falta foi cometida.

Embora, no caso do pedido de desculpas, haja a tendência a escolher respostas preferidas, ou seja, respostas que consistem na aceitação do ato, o ouvinte pode também rejeitar a atividade reparadora. Conforme Nuzzo (2007, p. 167), "não são raros os casos em que o destinatário das desculpas reage com uma reclamação ou com uma aceitação incerta, induzindo o autor a reiterar as desculpas, recorrendo a algumas estratégias já utilizadas ou adotando novas". Segundo Robinson (2004), esses casos endossam, de alguma maneira, a alegação do pedido de desculpas de ter causado uma ofensa e, além disso, incluem um simples reconhecimento ou respostas que concordam com a necessidade de se desculpar.

Com base nesses estudos, portanto, as respostas a um pedido de desculpas poderiam, ser sistematizadas conforme Quadro 14.

Quadro 14: Potenciais respostas a um pedido de desculpas

| Respostas preferidas | Respostas despreferidas |
|---|---|
| Rejeitar a necessidade do ato | Aceitar a ação reparadora de maneira incerta |
| Negar que houve uma ofensa | |
| Minimizar a gravidade da ofensa | Expressar um mero reconhecimento pela ação |
| Expressar apreço pela preocupação do falante | |
| Negar a responsabilidade do falante pela falta | Avaliar a ação reparadora como insuficiente (reclamar) |
| Reconhecer ação reparadora como suficiente | |

Neste ponto, cabe enfatizar que não está entre os objetivos deste estudo analisar as respostas a um pedido de desculpas. Porém, entende-se que esse elemento não pode ser deixado de lado já que, como mencionado, sua realização pode definir o pedido de desculpas, de fato, como uma atividade reparadora. Independentemente de se configurar como verbal ou não verbal, preferida ou despreferida, o mais importante ao se avaliar a resposta a um pedido de desculpas é, de acordo com Nuzzo (2007, p.167), considerar a dinâmica da interação e perceber que "a estrutura geral do macro-ato linguístico de se desculpar está então sujeita a fortes variações ligadas à reação do destinatário, além das intenções, exigências e também da personalidade do autor dos pedidos de desculpas".

# CAPÍTULO III

## A METODOLOGIA DA PESQUISA

## 3.1. Metodologia de coleta de dados

### 3.1.1. O desenho da pesquisa

Conforme o já mencionado trabalho de Rose & Kasper (2001), estudos, cujo propósito é investigar a eficácia de diferentes instruções de ensino da pragmática, devem estar inteiramente inseridos no contexto didático. Desse modo, para atingir os objetivos desta pesquisa, criamos um curso de língua italiana, composto por encontros semanais com 2h de duração, durante seis semanas. Para a coleta de dados, realizamos dois testes idênticos: um antes do tratamento didático (pré-teste) e um após o tratamento didático (pós-teste). Assim, como pode ser observado no Quadro 15, o primeiro e o último encontro foram designados à realização dos testes e a intervenção didática se deu em quatro encontros, totalizando 8 horas de tratamento.

Quadro 15: Tema abordado em cada encontro

| Encontro | Tema |
|---|---|
| 1º encontro | Pré-teste |
| 2º encontro | Aula 1 – Pedido de desculpas |
| 3º encontro | Aula 2 – Pedido de desculpas |
| 4º encontro | Aula 3 – Conselho |
| 5º encontro | Aula 4 – Pedido |
| 6º encontro | Pós-teste |

Nesse percurso, o pedido de desculpas, nosso objeto de ensino, foi tratado nas aulas 1 e 2. Nas aulas 3 e 4, trabalhamos com outros dois atos de fala – o conselho e o pedido – que tiveram a função de distratores.

### 3.1.2. Os participantes da pesquisa: grupo explícito e grupo implícito

Como pré-requisito para a participação do curso, os alunos deveriam apresentar um conhecimento da língua italiana correspondente, no mínimo, ao nível A2 do Quadro Europeu Comum de Referência para Línguas (doravante QECRL). Segundo o QECRL (2001, p. 49), o aluno com nível A2 é um "utilizador elementar" da língua e, sendo assim,

> É capaz de compreender frases isoladas e expressões frequentes relacionadas com áreas de prioridade imediata (p. ex.: informações pessoais e familiares simples, compras, meio circundante). É capaz de comunicar em tarefas simples e em rotinas que exigem apenas uma troca

de informação simples e directa sobre assuntos que lhe são familiares e habituais. Pode descrever de modo simples a sua formação, o meio circundante e, ainda, referir assuntos relacionados com necessidades imediatas.

Para verificar o nível linguístico dos participantes, semanas antes do início do curso, realizamos um C-Test, instrumento que visa a verificar o conhecimento global de uma L2. Geralmente composto por cinco textos com 20 palavras incompletas cada um, o C-Test prevê que os alunos completem tais palavras com as letras faltantes, sendo que apenas uma solução é aceitável. O aspecto que demonstra a proficiência do aluno no nível morfossintático, semântico e, inclusive, de compreensão textual é o preenchimento manual das palavras tanto lexicais (substantivos, verbos, adjetivos e advérbios) quanto gramaticais (artigos, preposições, conectivos, pronomes). As primeiras versões do C-Test foram desenvolvidas em 1981 por Christine Klein-Braley e Ulrich Raatz na Universidade de Duisburg, para provas em inglês e alemão. Como teste de proficiência em língua italiana, o teste foi, por exemplo, realizado na Universidade de Parma, substituindo provas de múltipla escolha. Segundo Katona & Dörnyei (1993), o C-Test não apenas oferece a vantagem de ser realizado e corrigido de forma rápida, mas respeita também os critérios da validade e da confiabilidade, além de ser bastante compatível com a realidade[26].

Para complementar as informações sobre o nível de conhecimento linguístico oferecidas pelo C-Test, foram feitas

---

26   Cfr. Forapani (2012).

mais duas atividades: uma produção escrita sobre fatos do passado e uma entrevista para avaliar a competência na produção oral. Dessa forma, conseguimos verificar se os informantes seriam capazes de interagir, sobretudo na realização dos testes orais, e se teriam a mínima capacidade de se referir a eventos do passado para poder utilizar determinadas estratégias que poderiam surgir nos pedidos de desculpas.

Os participantes inscritos que preencheram o pré-requisito referente ao nível de conhecimento linguístico estabelecido, compuseram, dessa forma, nossos dois grupos experimentais: o grupo que foi submetido ao tratamento explícito (doravante EXPL) e o grupo onde adotamos o tratamento implícito (doravante IMPL).

Antes do início das aulas, os inscritos forneceram, por meio de um questionário, seus principais dados pessoais (nome, idade, local de nascimento, profissão e escolaridade) e, em seguida, preencheram um termo consentindo a publicação de seus dados para fins científicos. O curso começou com 29 inscritos, sendo 14 do EXPL e 15 do IMPL. Contudo, ao final do percurso didático, não foi possível contabilizar os dados daqueles que desistiram de frequentar as aulas ou, por motivos diversos, deixaram de comparecer no primeiro ou no último encontro, datas em que foram administrados respectivamente o pré e o pós-teste. Sendo assim, obtivemos, no total, dados de 18 alunos, sendo nove do grupo EXPL e nove do grupo IMPL.

Dentre os nove alunos que compuseram o grupo EXPL, três se declararam do sexo masculino e 6 do sexo feminino.

Suas idades variam entre 21 e 72 anos e, quanto ao local de residência, sete dos participantes informaram que residem em São Paulo (SP), enquanto dois em cidades vizinhas (Franco da Rocha e Cotia). A respeito do nível de escolaridade, um aluno estudou até concluir o ensino médio, sete concluíram a graduação e um possui especialização. Quanto à ocupação principal, uma aluna informou ser estagiária, um deles é diretor de fotografia, três são estudantes de graduação, uma é professora e um é empreendedor. Além disso, três participantes declararam que nunca estiveram na Itália, enquanto cinco informaram que já estiveram no país (três por turismo e dois que residiram por mais de 18 meses). Nesse grupo, há o caso de uma informante, com 66 anos de idade no momento da coleta dos dados (2018), que nasceu na Itália, porém veio para o Brasil com sua família quando tinha 1 ano e 6 meses.

Todos os nove informantes que compuseram o grupo IMPL se declararam do sexo feminino. Suas idades variam entre 19 e 72 anos e, quanto ao grau de escolarização, seis alunas estudaram até concluir a graduação, duas possuem especialização e uma o mestrado. Quanto ao local de residência, seis informaram morar em São Paulo (SP) e três em cidades próximas à capital (Jundiaí, Santos e São Caetano do Sul). O grupo é formado por quatro estudantes, uma advogada, uma secretária, uma aposentada, uma dona de casa e uma jornalista. Das nove informantes do grupo IMPL, três informaram nunca terem ido à Itália, enquanto seis já estiveram lá, dentre as quais uma passou parte da infância no país.

### 3.1.3. Instrumentos de coleta dos dados

Como mencionado, os dados analisados neste trabalho foram coletados em dois momentos: com um pré-teste, uma semana antes do tratamento didático, e com um pós-teste, uma semana após o tratamento. Para tal, recorremos ao *role play* e ao Discourse Completion Task (DCT), dois dos instrumentos mais frequentemente utilizados nas pesquisas em ILP (ROSE, 2000; FÉLIX-BRASDEFER, 2010; OGIERMANN, 2018).

Quanto ao *role play*, foi adotado especificamente o de tipo espontâneo e semi-aberto, ou seja, os alunos mantiveram suas verdadeiras identidades e não foram previamente determinados limites de tempo e de turnos de fala (SANTORO, 2012). Para os DCTs, duas modalidades foram utilizadas: o DCT oral ou Oral DCT (doravante ODCT) e o DCT escrito ou Written DCT (doravante WDCT).

— *Role play*

Os alunos realizaram dois *role plays*, que foram gravados em áudio e vídeo e que se diferenciaram, sobretudo, pelas variáveis independentes: grau de imposição e distância social (BROWN & LEVINSON, 1987). Os dois testes foram realizados da mesma forma: todos os participantes leram a situação em um *prompt* escrito em italiano e tiveram alguns minutos para esclarecer eventuais dúvidas. Em seguida, se retiraram da sala, onde então foram organizados os cenários para a realização das interações.

O primeiro *role play* (doravante RP1), como pode ser verificado na descrição reportada no Quadro 16 consiste em o falante (A) se desculpar por ter derrubado a caneta do ouvinte (B), que é uma pessoa desconhecida. A distância social é, portanto, alta (DS+) e o grau de imposição foi considerado baixo (GI-), porque a falta não traz grandes prejuízos ao interlocutor.

**Quadro 16: Prompt do RP1 – situação com (GI-) e (DS+)**

| | |
|---|---|
| Oggi è il primo giorno di un corso di lingua e cultura italiana che hai cominciato a frequentare in un'università in Italia. Quando entri nell'aula vedi che uno dei pochi posti liberi è dalla parte opposta. Attraversi tra le sedie per raggiungerlo e, quando finalmente stai per arrivare, urti la sedia di una persona che è seduta e fai cadere la sua penna. Che cosa dici? | *Hoje é o primeiro dia de um curso de língua e cultura italiana que você começou a frequentar em uma universidade na Itália. Ao entrar na sala de aula, você vê que uma das poucas cadeiras livres fica do lado oposto. Você atravessa a sala entre as cadeiras para alcançá-la e, quando finalmente está para chegar, esbarra na cadeira de uma pessoa que está sentada, derrubando sua caneta. O que você diz?* |

No segundo *role play* (doravante RP2), cujo *prompt* segue no Quadro 17, o falante (A) está em uma festa, na casa de um amigo (B), e deve se desculpar por ter derrubado vinho tinto no sofá do anfitrião. Por ser entre amigos, a situação se configura como de distância social baixa (DS-). O grau de imposição foi julgado alto (GI+), já que a mancha do vinho tinto no sofá implica um dano para o interlocutor, cuja solução requer uma ação específica.

**Quadro 17: Prompt do RP2 (GI+ DS-)**

| | |
|---|---|
| Sei stato invitato a cena a casa di un amico. Mentre chiacchierate, prima di mangiare, fai cadere del vino rosso sul divano. Che cosa dici? | *Você foi convidado para jantar na casa de um amigo. Enquanto vocês conversam, antes de comer, você derruba um pouco de vinho tinto no sofá. O que você diz?* |

Para poder focalizar os efeitos provenientes da variável independente grau de imposição, buscou-se criar situações, que se diferenciam apenas pela gravidade da ofensa, mas são da mesma natureza. De fato, tanto a falta do RP1 (derrubar a caneta) e quanto a do RP2 (derrubar vinho no sofá) estão relacionadas à "posse", ou seja, representam danos ou perdas dos bens do ouvinte, como bater no carro, derramar algo nas roupas, danificar uma caneta, quebrar a máquina de lavar, ou perder um livro (HOLMES, 1990). Além disso, as faltas dos RPs também se assemelham no sentido de serem um fato que ocorreu diante do ouvinte, ou seja, no momento em que o ato foi pronunciado, caracterizada, portanto, como "gatilho imediato" (OWEN, 1983; NUZZO, 2007).

Por fim, cabe mencionar que os participantes interagiram sempre com os colegas, formando pares de maneira aleatória. O primeiro aluno a participar como falante (A) interagiu com a professora que, nesse caso, fez o papel do ouvinte (B). Em seguida, esse mesmo aluno foi colocado como ouvinte (B) na interação com o próximo participante, que depois de interagir como falante (A) fez também papel de ouvinte (B) com o aluno seguinte e assim sucessivamente.

Cada participante entrou na sala apenas no momento de realizar seu próprio teste. Dessa forma, buscou-se evitar que fossem, de qualquer maneira, induzidos pela interação dos colegas.

— *DCTs orais*

Todos os alunos realizaram também dois ODCTs, que foram gravados em áudio. Nesse instrumento, as duas situações também se diferenciaram, essencialmente, pelas variáveis grau de imposição e distância social (BROWN & LEVINSON, 1987). Para a realização de cada teste, os participantes receberam, na sala de aula, um *prompt* escrito, em língua italiana, com a descrição da situação. Após a leitura, foi estipulado que haveria um tempo para o esclarecimento de eventuais dúvidas. Por fim, os alunos foram orientados a sair para que o ambiente fosse reorganizado e, para a realização do teste, entraram na sala individualmente, enquanto os próximos aguardavam do lado de fora.

Conforme pode ser observado no quadro que segue, no primeiro ODCT (doravante ODCT1), a situação prevê que o falante peça desculpas por chegar atrasado a um encontro informal com um(a) amigo(a). A distância social entre os interlocutores é baixa (DS-) e foi atribuído um baixo grau de imposição (GI-), considerando que o atraso não provoca consequências graves para o interlocutor.

**Quadro 18: Prompt do ODCT1 (GI- DS-)**

| | |
|---|---|
| Hai un appuntamento alle 15 con un tuo amico/una tua amica, ma sei in ritardo e arriverai alle 15.30. Sai che lui/lei è un po' "intollerante" con i ritardi: che cosa gli/le dici? Registra un messaggio di WhatsApp. | Você tem um compromisso com um (a) amigo (a) às 15h, mas está atrasado e chegará às 15h30. Você sabe que seu (sua) amigo (a) é um pouco "intolerante" com atrasos: o que você fala para ele? Grave um áudio do WhatsApp. |

Já no segundo ODCT (doravante ODCT2), como pode ser observado no quadro a seguir, a situação consiste em o falante se desculpar com uma pessoa com quem não tem intimidade por esquecer um compromisso formal. Dessa forma, diferentemente da situação anterior, considerando que os interlocutores não se conhecem e a falta pode acarretar grandes aborrecimentos ao ouvinte, tanto a distância social quanto o grau de imposição são altos (GI+ DS+).

**Quadro 19: Prompt do ODCT2 (GI+ DS+)**

| | |
|---|---|
| Un tuo amico sta per sposarsi e tra i diversi stranieri che verranno per la festa c'è un ospite di Roma. Siccome parli benissimo l'italiano, il tuo amico ti chiede di dargli una mano il giorno della festa, andando a prendere il suo ospite in albergo e accompagnandolo al posto in cui verrà celebrato il matrimonio. Il giorno della festa però ti dimentichi completamente della tua "missione" e te ne accorgi soltanto quando stai per arrivare al matrimonio e ricevi un messaggio dell'ospite italiano che ti sta ancora aspettando in albergo. Che cosa gli dici? Registra un messaggio di WhatsApp. | Um amigo seu está para se casar e entre os vários estrangeiros que virão para a festa há um convidado de Roma. Como você fala muito bem italiano, seu amigo pede que você o ajude no dia da festa, pegando seu convidado no hotel e levando-o ao local onde será celebrado o casamento. No dia da festa, porém, você se esquece completamente da sua ] "missão" e só a percebe quando está prestes a chegar ao casamento e recebe uma mensagem do convidado italiano que ainda está esperando por você no hotel. O que você diz a ele? Grave um áudio do WhatsApp. |

Como pode ser conferido nos *prompts* reproduzidos nos quadros acima (Quadro 18 e 19), para realizar os ODCTs, os participantes foram orientados a fazer o teste com base em uma prática bastante difusa atualmente no que diz respeito ao meio de comunicação. O pedido de desculpas deveria ser proferido por meio do WhatsApp, um aplicativo de mensagens instantâneas pelo qual é possível, entre outros, enviar tanto mensagens de texto quanto de voz. Esse método fez com que os alunos se sentissem bastante à vontade na realização do teste, uma vez que enviar mensagens gravadas via aplicativo – amplamente conhecidas como "áudios" – é uma atividade usual para a maioria.

Assim como nos *role plays*, com os ODCTs também buscou-se enfatizar, em cada situação, as variáveis independentes. Desse modo, embora no ODCT1 (chegar atrasado a um encontro informal com um amigo) e no ODCT2 (chegar atrasado a um encontro formal com um desconhecido) as ofensas resultem em graus de imposição diferentes para o pedido de desculpas, tendo em vista as características das situações, em ambos os casos a falta é da mesma natureza. Trata-se, com efeito, de faltas relacionadas ao "tempo", representando atos que, de alguma maneira, desvalorizam o tempo do ouvinte, como atraso, esquecimento de algum compromisso ou desrespeito de horários previamente estabelecidos (HOLMES, 1990). Ademais, são faltas que não ocorrem na presença do ouvinte, estão ainda "no futuro" e, sendo assim, podem ser consideradas gatilho não imediato (OWEN, 1983; NUZZO, 2007).

— *DCTs escritos*

Os WDCTs utilizados para o desenvolvimento da pesquisa foram composto por sete situações, sendo quatro sobre pedidos de desculpas e três com atos de fala selecionados como elementos distratores. Para os pedidos de desculpas, como pode ser conferido no quadro a seguir, os WDCTs apresentam as mesmas situações – e consequentemente as mesmas variáveis – presentes no RPs e nos ODCTs. Nesse teste, portanto, os informantes deveriam se desculpar por derrubar a caneta de um colega de classe (GI- DS+), derrubar vinho tinto no sofá de um amigo (GI+ DS-), atrasar em um encontro informal com um amigo (GI-DS-) e esquecer um compromisso formal com uma pessoa desconhecida (GI+DS+).

**Quadro 20: Situações com pedidos de desculpas do WDCT**

|  | GI | DS | Situação | Tradução |
|---|---|---|---|---|
| WDCT1 | - | + | Oggi è il primo giorno di un corso di lingua e cultura italiana che hai cominciato a frequentare in un'università in Italia. Quando entri nell'aula vedi che uno dei pochi posti liberi è dalla parte opposta. Attraversi tra le sedie per raggiungerlo e, quando finalmente stai per arrivare, urti la sedia di una persona che è seduta e fai cadere la sua penna. Che cosa dici? | Hoje é o primeiro dia de um curso de língua e cultura italiana que você começou a frequentar em uma universidade na Itália. Ao entrar na sala de aula, você vê que uma das poucas cadeiras livres fica do lado oposto. Você atravessa a sala entre as cadeiras para alcançá-la e, quando finalmente está para chegar, esbarra na cadeira de uma pessoa que está sentada, derrubando sua caneta. O que você diz? |

| | | | | |
|---|---|---|---|---|
| WDCT2 | + | - | Sei stato invitato a cena a casa di un amico. Mentre chiacchierate, prima di mangiare, fai cadere del vino rosso sul divano. Che cosa dici? | *Você foi convidado para jantar na casa de um amigo. Enquanto vocês conversam, antes de comer, você derruba um pouco de vinho tinto no sofá. O que você diz?* |
| WDCT3 | - | - | Hai un appuntamento alle 15 con un tuo amico/una tua amica, ma sei in ritardo e arriverai alle 15.30. Sai che lui/lei è un po' "intollerante" con i ritardi: che cosa gli/le dici? Scrivi un messaggio di WhatsApp. | *Você tem um compromisso com um(a) amigo(a) às 15h, mas está atrasado e chegará às 15h30. Você sabe que seu (sua) amigo(a) é um pouco "intolerante" com atrasos: o que você diz a ele? Escreva uma mensagem pelo WhatsApp.* |
| WDCT4 | + | + | Un tuo amico sta per sposarsi e tra i diversi stranieri che verranno per la festa c'è un ospite di Roma. Siccome parli benissimo l'italiano, il tuo amico ti chiede di dargli una mano il giorno della festa, andando a prendere il suo ospite in albergo e accompagnandolo al posto in cui verrà celebrato il matrimonio. Il giorno della festa però ti dimentichi completamente della tua "missione" e te ne accorgi soltanto quando stai per arrivare al matrimonio e ricevi un messaggio dell'ospite italiano che ti sta ancora aspettando in albergo. Che cosa gli dici? Scrivi un messaggio di WhatsApp. | *Um amigo seu está para se casar e entre os vários estrangeiros que virão para a festa há um convidado de Roma. Como você fala muito bem italiano, seu amigo pede que você o ajude no dia da festa, pegando seu convidado no hotel e levando-o ao local onde será celebrado o casamento. No dia da festa, porém, você se esquece completamente da sua "missão" e só a percebe quando está prestes a chegar ao casamento e recebe uma mensagem do convidado italiano que ainda está esperando por você no hotel. O que você diz a ele? Escreva uma mensagem pelo WhatsApp.* |

Com os WDCTs, além de comparar o efeito relativo a cada instrução de ensino, o objetivo era verificar ainda se e em que medida as respostas escritas desse teste se diferenciavam das orais, coletadas por meio dos RPs e ODCTs. Por essa razão, os WDCTs foram elaborados com as mesmas situações e variáveis independentes dos RPs e ODCTs.

Embora, entre as mensagens de áudio (ODCT) e mensagens de texto (WDCT) enviadas pelo aplicativo possa existir uma variação diamésica, consideramos viável analisar os pedidos de desculpas escritos como um WDCT pelos traços da oralidade e da imediatez da fala que fortemente se mantém nesse meio de comunicação. Além disso, trata-se de uma prática bastante próxima da realidade dos aprendizes, o que pode ser vantajoso na coleta dos dados.

Ademais, na tentativa de evitar que a produção escrita, que reflete mais facilmente o conhecimento declarativo ou a consciência metapragmática dos informantes, não influenciasse nas respostas orais, onde, devido à dinâmica da interação, entra em jogo o conhecimento procedural, cabe mencionar que o WDCT foi o último teste a ser administrado.

### 3.1.4. Elaboração do material didático

Para elaborar as unidades de ensino utilizadas em cada encontro com os grupos experimentais, tomou-se como base, em primeiro lugar, o que afirmam os trabalhos sobre o livro didático. Embora sejam amplamente adotados nos cursos de L2, os LDs apresentam, em geral, a língua de modo descontextualizado e não podem, portanto, ser considerados uma fonte consistente de *input*, sobretudo no que tange aos aspectos amparados pela Pragmática.

Tendo isso em vista, o material didático utilizado foi elaborado a partir de textos autênticos em língua italiana, especificamente dos seguintes gêneros: filme, *role play* e texto escrito. O material cinematográfico, conforme mencionado no primeiro capítulo, é bastante adequado para o contexto didático, especialmente no ensino da pragmática, por apresentar, entre outros aspectos, uma quantidade maior de exemplos da língua em uso, tanto pelo viés pragmalinguístico quanto sociopragmático. O filme selecionado para esse estudo se intitula *Manuale d'Amore*, uma comédia romântica italiana, lançada em 2005 e dirigida por Giovanni Veronesi. Os *role plays* utilizados, por sua vez, foram gravados em áudio e vídeo por falantes nativos de italiano, que interagiram como em "encontros comunicativos reais", permitindo capturar a dinâmica da interação social e examinar os aspectos da língua em uso que correspondem, geralmente, aos que ocorrem em conversas. Tais *role plays* são de tipo semiaberto, ou seja, com os participantes (A) e (B) sendo parcialmente guiados a partir da descrição de situações, sem que fossem, contudo, preestabelecidas a quantidade de turnos ou a duração da interação[27]. Por fim, sobre o texto escrito que, como material autêntico, permite abordar aspectos sócio-histórico-culturais da língua italiana, recorreu-se a um texto extraído do site Wikipedia.

— *Unidades de ensino*

Tendo em vista o programa do conteúdo abordado em cada encontro e as bases teóricas que guiaram a elaboração

---

[27] Esse material faz parte do *corpus* de italiano falado que descrevemos no Cap I (Seção 1.3.1), coletado para o estudo de Santoro (2012).

do material didático, o próximo passo foi a elaboração das unidades de ensino (doravante UE)[28].

*Unidade de ensino 1 – Pedido de desculpas*

Na unidade de ensino 1 (doravante UE_1), onde tratou-se do pedido de desculpas, utilizamos, em primeiro lugar, o trailer do filme *Manuale d'amore* (Vídeo 1 - Trailer) e um texto escrito, com as características dos personagens principais e o resumo do enredo, extraído do site Wikipédia (Texto 1 – resumo do filme). Esse material foi apresentado com intuito de contextualizar a obra como um todo, visto que, durante as aulas, trabalhamos apenas com alguns trechos do filme.

Em segundo lugar, usamos uma cena do filme em que um dos protagonistas, o jovem Tommaso, pede desculpas à Giulia, garota por quem se apaixona, por tê-la desapontado (Vídeo 2 – Tommaso pede desculpas). Essa cena foi selecionada, sobretudo, com o objetivo de introduzir o pedido de desculpas e fornecer aos alunos um primeiro contato com o tema principal da aula.

Conforme mencionamos, além do texto fílmico, recorremos ainda aos *role plays* entre falantes nativos. Utilizamos,

---

[28] Por uma questão espaço, nesta seção, detalhamos o processo de elaboração dos materiais e das atividades didáticas referentes apenas ao pedido de desculpa – objeto de ensino selecionado para o desenvolvimento da pesquisa. As unidades de ensino referentes ao conselho e ao pedido – atos de fala utilizados na pesquisa como distratores – podem ser consultadas em Nascimento-Spadotto (2022).

durante todo o curso um total de 12 interações, as quais serão identificadas pela sigla RPfn e por um número que representa a sequência em que foram apresentadas. Os *role plays* foram utilizados, essencialmente, como exemplos da realização dos atos de fala, nos quais se correlacionam elementos pragmalinguísticos e sociopragmáticos. As atividades elaboradas com base nesse material foram realizadas tanto durante as aulas quanto extraclasse.

Para abordar o conteúdo do primeiro encontro, utilizamos como *input* pragmático o RPfn_1 e o RPfn_2. Na primeira situação, duas amigas, que vão viajar juntas, combinam de se encontrar no trem. Uma delas já está sentada em sua poltrona quando a segunda, ao chegar, passa a rodinha da mala sobre seu pé e, por essa razão, pede desculpas. Nessa situação, tanto a distância social quanto o grau de imposição são baixos (DS-) (GI-). A segunda situação, por sua vez, ocorre em casa, também entre amigas: aquela que é a convidada se desculpa porque, ao ir ao banheiro, quebra um vaso de alto valor que pertence à anfitriã. Nesse caso, a distância social é baixa (DS-), porém o grau de imposição é alto (GI+).

Outros dois *role plays* foram selecionados para atividades extraclasse sobre pedidos de desculpas a serem realizadas individualmente entre o primeiro e o segundo encontro. O RPfn_3 ocorre em casa, entre amigos: o convidado derruba um copo com água em cima da mesa da anfitriã e se desculpa pela falta. Desse modo, tanto a distância social quanto o grau de imposição são baixos (DS-) (GI-). No RPfn_4 duas amigas estão na rua e caminham lado a lado, com um sorvete na mão. Ao pararem para observar uma vitrine, uma delas encosta involuntariamente o sorvete na outra, manchando suas roupas. Em seguida, pede desculpas. Nesse caso, a distância social é baixa (DS-) e o grau de imposição alto (GI+). No Quadro 21, sistematizamos as informações referentes aos textos base que compuseram a UE_1, inserindo seus respectivos objetivos:

Quadro 21: Textos base utilizados na UE_1 – Pedido de desculpas

| Texto base | Descrição | Objetivo |
|---|---|---|
| Vídeo 1 (trailer) | Trailer do filme *Manuale d'amore* | Apresentar a obra como um todo |
| Texto 1 (resumo do filme) | Texto sobre o enredo e personagens do filme Manuale d'amore extraído e adaptado do site Wikipedia | Descrever o enredo e as características dos personagens principais |
| Vídeo 2 (Tommaso se desculpa) | Parte do filme Manuale d'amore: Tommaso pede desculpas a Giulia por tê-la desapontado | Introduzir o pedido de desculpas e promover o primeiro contato dos alunos com esse ato de fala |
| RPfn_1 (mala com rodinha) | No trem, uma passageira se desculpa por passar com a rodinha da mala sobre o pé de uma amiga | Apresentar um pedido de desculpas com DS- e GI- |
| RPfn_2 (vaso quebrado) | Na casa de uma amiga, a convidada se desculpa por quebrar um precioso vaso da anfitriã | Apresentar um pedido de desculpas com DS- e GI+ |
| RPfn_3 (derramar água/ amigo) | Na casa de uma amiga, o convidado se desculpa por ter derrubado água na mesa da anfitriã | Exemplo de pedido de desculpas com DS- e GI- para produção escrita extraclasse |
| RPfn_4 (sorvete/amiga) | Na rua, duas amigas param para ver uma vitrine quando uma delas encosta involuntariamente o sorvete na roupa da outra e se desculpa | Exemplo de pedido de desculpas com DS- e GI+ para produção escrita extraclasse |

Nesses *role plays*, além de controlar o grau de imposição, procuramos levar em consideração a classificação da natureza das ofensas, conforme sugere Holmes (1990). Nos casos apresentados, temos a ofensa do RPfn_1 que se refere ao "espaço", já que a falta se dá pelo contato físico entre as interlocutoras, e nas outras três interações – RPfn_2, RPfn_3 e RPfn_4 – faltas relacionadas à "posse", uma vez que esses casos representam danos ou perdas dos bens do ouvinte. Assim como nas situações que elaboramos para a coleta dos dados, a escolha por trabalhar com ofensas da mesma natureza também no *input* é, sobretudo, uma tentativa de focalizar a maneira como o ato de fala é realizado (elementos pragmalinguísticos), a partir das diferenças resultantes das variáveis grau de imposição e distância social.

*Unidade de ensino 2 – Pedido de desculpas*

A unidade de ensino 2 (doravante UE_2) foi elaborada a partir de quatro novos *role plays*. O RPfn_5 ocorre na rua: uma pessoa, que está dentro de um carro estacionado, abre repentinamente a porta do veículo e se desculpa por ter quase atingido uma pedestre. O grau de imposição é baixo (GI-), porque a falta não provoca graves prejuízos, e a distância social é alta (DS+), já que os interlocutores não se conhecem. O ambiente do RPfn_6 é um trem: uma passageira, ao voltar do vagão-lanchonete com um copo na não, derrama café sobre outra passageira que estava sentada e pede desculpas. Nesse caso, tanto o grau de imposição quanto a distância social são altos (GI+) (DS+).

Para as atividades extraclasse, primeiramente trabalhamos com o RPfn_7, onde uma prestadora de serviço visita um cliente em sua casa e, ao tomar água, se desculpa por derramar parte do líquido sobre a mesa. Nessa interação, enquanto o grau de imposição é baixo (GI-), a distância social é alta (DS+). Por fim, recorremos ao RPfn_8, onde uma pessoa que está andando na rua se desculpa porque seu sorvete encosta na roupa de um desconhecido que passa ao seu lado. Nessa situação, tanto o grau de imposição quanto a distância social são altos (GI+) (DS+). No Quadro 22, seguem, de maneira esquematizada, as informações referentes aos textos base que compuseram a UE_2, com seus respectivos objetivos:

Quadro 22: Textos base utilizados na UE_2 – Pedido de desculpas

| Texto base | Descrição | Objetivo |
| --- | --- | --- |
| RPfn_5 (porta do carro) | De dentro de um carro estacionado, uma pessoa abre a porta do veículo quase atingindo uma pedestre | Apresentar um pedido de desculpas com DS+ e GI- |
| RPfn_6 (café) | No trem, uma passageira derrama café sobre a outra que está sentada | Apresentar um pedido de desculpas com DS+ e GI+ |
| RPfn_7 (derramar água/ desconhecido) | Uma prestadora de serviço derrama água na mesa de um cliente que visita em sua casa | Exemplo de pedido de desculpas com DS+ e GI- para produção escrita extraclasse |
| RPfn_8 (sorvete/ desconhecido) | Na rua, uma mulher encosta o sorvete na roupa de um homem que passa ao seu lado | Exemplo de pedido de desculpas com DS+ e GI+ para produção escrita extraclasse |

A respeito da natureza das ofensas, assim como na UE_1, há um caso – o RPfn_5 (porta do carro) – em que a falta está relacionada ao "espaço", e outros três – RPfn_6, RPfn_7 e RPfn_8 – que dizem respeito à "posse". Tanto no RPfn_7 quanto no RPfn_8, as faltas – derrubar água e encostar o sorvete na roupa – são idênticas àquelas presentes no RPfn_3 e no RPfn_4, selecionados como textos base da UE_1.

Enfatizamos que todos os textos descritos acima, com seus respectivos objetivos, compuseram o material didático utilizado tanto no tratamento explícito quanto no implícito. A diferença entre os tratamentos, portanto, se dá, sobretudo, nos tipos de atividades realizadas e feedbacks fornecidos para cada grupo, }descritos de maneira mais detalhada na seção seguinte.

### 3.1.5. Tratamento didático: instrução explícita vs. instrução implícita no ensino da pragmática

Na elaboração das atividades didáticas, retomamos os pressupostos teóricos sobre as instruções explícita e implícita. Primeiramente, conforme Ellis *et al* (2009), enquanto a instrução explícita orienta os alunos a desenvolver a consciência metalinguística, a instrução implícita busca capacitá-los a inferir as regras de determinado objeto de ensino, internalizando-as sem que a atenção seja focalizada diretamente nelas. Em segundo lugar, considerando o que é apresentado por Housen & Pierrard (2006), a instrução explícita se caracteriza por:

a. direcionar a atenção do aluno ao objeto de ensino;
b. ser predeterminada e planejada;
c. oferecer o significado;
d. isolar o objeto de ensino;
e. usar metalinguagem, e
f. ser composta por práticas "controladas".

A instrução implícita, por outro lado, é aquela que:

a. somente atrai a atenção do aluno para o objeto;
b. ocorre "espontaneamente", sem interrupções;
c. apresenta as formas somente em contexto;
d. não usa metalinguagem, e
e. promove atividades "livres".

Reorganizando, portanto, aquilo que é colocado tanto por Ellis *et al* (2009) quanto por Housen & Pierrard (2005), e dividindo suas colocações entre "objetivo" (da aula e/ou da unidade didática), "preparo e definição do objeto de ensino", "prática didática" e "*feedback*", entendemos que as diferenças entre as instruções explícita e implícita, conforme esses autores, se dão da seguinte maneira:

Quadro 23: Instruções explícita e implícita a partir de Ellis *et al* (2009)
e Housen & Pierrard (2005)

|  | Instrução explícita | Instrução implícita |
| --- | --- | --- |
| Objetivo | Desenvolver a consciência metalinguística | Capacitar o aluno a inferir as regras |

| Preparo e definição do objeto de ensino | São predeterminados e planejados | Ocorrem "espontaneamente" |
|---|---|---|
| Prática didática | Recorre ao uso da metalinguagem | Não usa metalinguagem |
| | Direciona a atenção do aluno para o objeto | Apenas atrai a atenção do aluno para o objeto |
| | Isola o objeto de ensino | Apresenta as formas desejadas em contexto |
| Feedback | Oferece o significado | Não oferece o significado |
| | Práticas controladas | Atividades livres |

As características incluídas no Quadro 23 mostram que, enquanto a instrução explícita se baseia no controle e no planejamento rigoroso de todas as etapas, a implícita se configura como mais livre e espontânea. Além disso, outra diferença essencial entre os dois tipos de instrução é a seguinte: se, de um lado, a explícita focaliza substancialmente as regras gramaticais, de outro, a implícita se concentra na comunicação como um todo.

Certamente, os estudos consultados fornecem uma base teórica bastante sólida para diferenciar as instruções explícita e implícita. Entretanto, considerando que a Pragmática é o campo da Linguística que se ocupa dos efeitos da língua em uso, a contraposição gramática vs. comunicação não é adequada para a prática didática que tem como objetivo o desenvolvimento da CP. No ensino da pragmática, ambos os tipos de instrução devem ter a ação comunicativa como base uma vez que, ao se isolar os elementos e deixar de relacioná-los ao contexto interacional, como é possível fazer no ensino da gramática, perde-se completamente a possibilidade de verificar que função as formas têm e que efeito podem causar.

147

Sendo assim, a concepção de instrução explícita e implícita que adotamos se diferencia, em alguma medida, dos modelos consultados. Primeiramente, tanto a instrução explícita quanto a implícita têm como objetivo o desenvolvimento da CP, seu preparo é planejado e o objeto de ensino é previamente determinado. As diferenças ocorrem, portanto, essencialmente, nas fases da prática didática e do feedback, conforme descrevemos no Quadro 24:

Quadro 24: Instrução explícita e instrução implícita para o ensino da pragmática

|  |  | Instrução explícita | Instrução implícita |
|---|---|---|---|
| Prática didática | | Faz uso de linguagem metapragmática | Não usa linguagem metapragmática |
| | | Direciona a atenção do aluno para o objeto de ensino (constituído por elementos sociopragmáticos ou pragmalinguísticos) | Direciona a atenção dos alunos para aspectos como gramática e léxico |
| | | Sistematiza os elementos sociopragmáticos e pragmalinguísticos | Sistematiza os elementos ensinados |
| Feedback | | Promove atividades de conscientização sobre a relação dos elementos pragmalinguísticos e sociopragmáticos na realização do ato de fala | Promove atividades de compreensão textual e reutilização dos aspectos ensinados |
| | | Promove discussões sobre a relação dos elementos pragmalinguísticos e sociopragmáticos e reflexões sobre o uso da língua em termos de adequação | Controla as atividades fornecendo as respostas consideradas corretas |
| | | Recorre ao uso de linguagem metapragmática | Não usa linguagem metapragmática |

Na prática didática, especificamente, a instrução explícita, fazendo uso da linguagem metapragmática, direciona a atenção do aluno para o objeto de ensino, sistematizando os elementos sociopragmáticos e pragmalinguísticos e promovendo atividades de conscientização sobre como os elementos pragmalinguísticos e sociopragmáticos interferem na realização do ato de fala. A instrução implícita, por sua vez, além de não recorrer à linguagem metapragmática, limita-se a promover atividades nas quais o foco é o próprio texto e os elementos que o constituem, sistematizando tais elementos de modo que as normas pragmáticas não ocupem um lugar predominante na consciência dos alunos. No que tange ao feedback, na instrução explícita, são promovidas discussões sobre a relação dos elementos sociopragmáticos e pragmálinguísticos e reflexões sobre as questões de adequação que envolvem o uso da língua, utilizando a linguagem metapragmática. Já no ensino implícito, não se recorre ao uso da linguagem metapragmática e as respostas são controladas com base nas regras gramaticais que determinam aquilo que é certo ou errado.

Na elaboração das atividades, buscamos contemplar igualmente as quatro habilidades (produção e recepção oral e escrita). Além disso, tanto a instrução explícita quanto a implícita foram conduzidas de forma indutiva[29]: em ambos os grupos, a prática didática partiu de modelos "reais" da língua para então abordar suas especificidades, como poderá ser conferido na próxima seção, na

---

29   Cfr. DeCoo (1996) Ishihara & Cohen (2010) e Glaser (2014).

qual descrevemos de forma mais detalhada como se deram as atividades baseadas em cada uma das instruções de ensino.

— *Grupo Explícito: descrição das aulas e das atividades*

*Aula 1 – O pedido de desculpas*

A Aula 1 teve como objetivo principal o estudo do pedido de desculpas, ato de fala escolhido como objeto de ensino. Tendo em vista que os alunos trabalhariam com cenas extraídas de um filme, na fase inicial desse encontro, foram apresentadas algumas perguntas sobre sua relação com o cinema. Após essa primeira interação, com o Vídeo 1 (trailer) e o Texto 1 (resumo do filme), foi introduzido o filme *Manuale d'amore*, com a descrição do enredo e de algumas características dos principais personagens.

Para apresentar o pedido de desculpas, foi exibido então o Vídeo 2 (Tommaso se desculpa), com uma pergunta de compreensão e, a partir da transcrição da fala do personagem, buscou-se promover uma reflexão sobre os motivos pelos quais esse ato é realizado na vida cotidiana.

Foram exibidos, então, os *role plays* gravados por falantes nativos (RPfn_1/mala com rodinha e RPfn_2/vaso quebrado). As atividades realizadas com base nesse material tiveram, essencialmente, dois objetivos:

a. fazer com que os alunos identificassem tanto os elementos sociopragmáticos – grau de imposição e distância social – quanto os pragmalinguísticos – expressões formulaicas, estratégias para a realização do ato;
b. com base na identificação dos elementos sociopragmáticos e pragmalinguísticos, conscientizar os alunos sobre a forma como tais elementos se relacionam na realização do ato de fala.

Abaixo, na Figura 5, segue um exemplo das atividades realizadas: após assistir a *role plays* que continham pedidos de desculpas, os alunos deveriam completar o quadro com informações referentes às faltas cometidas nas interações e à relação entre os interlocutores.

Figura 5: Exemplo de atividade sobre GI e DS

5. Guarda un'altra volta i video e completa la tabella sotto per ognuna delle due situazioni:

a. Per quale motivo uno dei partecipanti chiede scusa?
b. Che rapporto sembra esserci tra i partecipanti?

|  | Motivo | Rapporto tra i partecipanti |
|---|---|---|
| Situazione I |  |  |
| Situazione II |  |  |

Na Figura 6, segue o exemplo de atividade na qual os alunos precisavam avaliar a gravidade de cada falta, escolhendo um ponto entre os extremos *"poco grave"* e *"molto grave"*, tinha como objetivo conscientizá-los a respeito da variável grau de imposição.

**Figura 6: Exemplo de atividade de reflexão sobre grau de imposição**

> 8. **Per riflettere...**
>    a. La "gravità" delle scuse...
>       – passare con la rotella di una valigia sul piede di qualcuno (A)?
>       – rompere un prezioso vaso a casa di qualcuno (B)?
>    Utilizzando la linea sotto che va da "poco grave" a "molto grave", inserisci nel punto che ti sembra più adeguato le lettere A e B che corrispondono ai due motivi citati sopra per cui si può chiedere scusa...
>
> **poco grave** _____ - _____ **molto grave**

Com base na transcrição dos *role plays*, reproduzidas no Quadro 25, pedimos então aos alunos que buscassem as expressões formulaicas dos pedidos de desculpas, as estratégias que também podem ser utilizadas para realizar esse ato de fala.

**Quadro 25: Transcrição do RPfn_1 e do RPfn_2**

| RPfn_1 (mala com rodinha) | RPfn_2 (vaso quebrado) |
|---|---|
| A: Ehi<br>B: Ehi ce l'ho fatta...<br>A: Ahhhhiii...<br>**B: Ah scusami! scusami!** | A: Eh Mari?<br>B: Sì...<br>A: **Io sono mortificata, chiedo scusa**, ehhh **non ho visto la luce, non l'ho trovata.** |

| | |
|---|---|
| A: Dolore... <br> B: **Ah scusami**, guarda, non è che, cioè... come sai io sono... <br> A: E non avrai esagerato con questa valigia? <br> B: Ah no, **guarda scusa ti ho fatto male**, eh? <br> A: Senti, vuoi farti aiutare per metterla su. <br> B: Sì, è perché si è aperta, si è rotta, non so che è successo. <br> A: Ti aiuto, dai! <br> B: Grazie... | B: Vabbè... che è successo? <br> A: È caduto il vaso. <br> B: Quale vaso? <br> A: Quello in bagno sulla mensola. <br> B: Quello di vetro? <br> A: Quello di Murano, sì... **Ti giuro... ti chiedo scusa... guarda, se mi dici quanto l'hai pagato...** <br> A: Guarda non mi ricordo perché me l'hanno regalato. Ma è riparabile? <br> A: Eh... mille pezzetti... <br> B: Eh guarda... <br> A: **Guarda, io sono veramente molto sfigata.** <br> B: Mamma, ma non fa niente. <br> A: **No no, veramente, cioè, ti chiedo proprio scusa. Non l'ho fatto apposta, non ho visto la luce, stava messa...** <br> B: Tranquilla, respira, tranquilla. <br> A: Sicura? <br> B: Sì, sì... |

Especificamente sobre as estratégias, foi dada aos alunos a instrução de reconhecer suas funções. Para esse fim, foi explicitado que, além do pedido de desculpas em si, ou seja, do uso das expressões formulaicas (scusami; ti chiedo scusa), quando comete uma falta, o falante, pode ainda:

— justificar-se (*"eh non ho visto la luce, non l'ho trovata"*);
— oferecer ressarcimento (*"se mi dici quanto l'hai pagato..."*);
— demonstrar preocupação com o bem-estar do ouvinte (*"Ti ho fatto male?"*);
— expressar a falta de intenção (*"Non l'ho fatto apposta"*);
— auto depreciar-se (*"Guarda, io sono veramente molto sfigata"*).

Com o objetivo de promover a conscientização sobre a relação entre os elementos sociopragmáticos e os pragmalinguísticos, passamos às questões finais (Figura 7). E, por meio do *feedback*, a partir daquilo que se apresenta nas interações entre os falantes nativos, enfatizamos que quanto mais grave é a falta (grau de imposição alto), maior a necessidade de se recorrer a estratégias que vão além da expressão formulaica para se desculpar.

**Figura 7: Atividades de conscientização sobre a relação entre elementos sociopragmáticos e pragmalinguísticos**

---

c.   Ti sembra che ci siano differenze tra le parole/espressioni utilizzate per chiedere scusa nei casi in cui il motivo è più o meno grave? Se la tua risposta è sì, quali credi che siano queste differenze?

_____
_____
_____
_____


d.   Che relazione può esserci tra quello che viene detto (parole/espressioni utilizzate per chiedere scusa e parole/espressioni con altre funzioni) e il rapporto tra gli interlocutori?

_____
_____
_____
_____

---

Ao final do primeiro encontro, foi proposta uma atividade a ser realizada de maneira autônoma e extraclasse. Para tal, foram apresentados outros dois *role plays* (RPfn_3/derramar água/amigo e RPfn_4/sorvete/amiga) sem áudio e foi solicitada aos alunos a elaboração de um diálogo para cada situação.

*Aula 2 – O pedido de desculpas*

Na segunda aula com o grupo EXPL, foi dada continuidade ao trabalho com o pedido de desculpas. O primeiro momento da aula foi reservado para conferir a atividade extraclasse, que havia sido sugerida ao final do encontro anterior. Alguns alunos leram os diálogos elaborados e, a partir dessas produções, voltamos a falar tanto sobre como se caracterizam os elementos sociopragmáticos e pragmalinguísticos, quanto sobre a relação de tais elementos na realização do ato de fala.

Assim como na Aula 1, as atividades propostas nessa ocasião tiveram como objetivo principal fazer com que os alunos, a partir da exibição dos *role plays*, observassem tanto os elementos sociopragmáticos, como grau de imposição e distância social, quanto os pragmalinguísticos, como expressões formulaicas, estratégias para a realização do ato e que, além disso, se conscientizassem sobre a maneira como se conectam no momento em que o ato de fala é proferido. Desse modo, o conjunto de atividades propostas nessa aula são, do ponto de vista estrutural, similares àqueles do encontro anterior, sendo que apenas o *input* pragmático foi outro e se deu por meio do RPfn_5 (porta do carro) e do RPfn_6 (café).

Partindo da exibição dos vídeos, os alunos foram novamente orientados a se concentrar na relação entre os interlocutores e no tipo de falta que os falantes cometem nas interações, classificando sua "gravidade", isto é, o grau de imposição, como pode ser conferido na atividade reproduzida na Figura 8.

Figura 8: Exemplo de atividade de reflexão sobre grau de imposição

---

8. **Per riflettere...**
   a. Quanto è grave...
      – aprire lo **sportello** della macchina contro qualcuno (A)
      – far cadere del **caffè** sui vestiti di qualcuno (B)
   Utilizzando la linea sotto che va da "poco grave" a "molto grave", inserisci nel punto che ti sembra più adeguato le lettere A e B che corrispondono ai due motivi citati sopra per cui si può chiedere scusa...

   poco grave _____ - _____ molto grave

---

Com ajuda das transcrições dos *role plays*, que podem ser conferidas no Quadro 26, os participantes foram orientados a encontrar as expressões formulaicas e as estratégias utilizadas na realização do pedido de desculpas. Dessa forma, explicitou-se, primeiramente, que no RPfn_5 (porta do carro) e no RPfn_6 (café), além das expressões formulaicas (*"Mi scusi!"* e *"Mi dispiace"*), para pedir desculpas, osfalantes também:

(a) oferecem reparo pela falta: (*"prego"*; *"Cosa posso fare?"*); e
(b) expressam a falta de intenção (*"Non volevo veramente"*).

Quadro 26: Transcrição do RPfn_5 (porta do carro) e do RPfn_6 (café)

| RPfn_5 (porta do carro) | RPfn_6 (café) |
|---|---|
| A: **Oh! Mi scusi!** B: Ah sì... A: **Mi scusi!** B: Prego. A: Prego | A: Ah! **Mi scusi, mi scusi! Non volevo veramente. Mi dispiace.** B: Ci mancherebbe altro! A: **Cosa posso fare?** B: Niente vado in bagno. Grazie, grazie. A: **Mi scusi...** |

Na fase de conscientização sobre a relação dos elementos sociopragmáticos e pragmalinguísticos, voltamos a analisar as interações entre os falantes nativos exibidas nesse encontro, e foi explicitado que as interações confirmam que quanto mais grave a falta, maior parece a necessidade de utilizar, para se desculpar, estratégias que vão além da expressão formulaica (NUZZO, 2007).

Antes de acabar a Aula 2, foi apresentado o material base para a atividade extraclasse, similar àquela do encontro anterior. Foram exibidos, sem o áudio, mais dois *role plays* do mesmo tipo (RPfn_7/derramar água/desconhecido e RPfn_8/sorvete/desconhecido) e pediu-se aos alunos a elaboração de um diálogo para cada situação.

— *Grupo Implícito: descrição das aulas e atividades*

Aula 1 – O pedido de desculpas

Na primeira aula com o grupo IMPL, as atividades de aproximação com os alunos, isto é, a introdução do filme *Manuale d'amore* e a apresentação do tema principal, foram idênticas àquelas realizadas com o grupo EXPL.

O trabalho a partir do *input* pragmático, entretanto, ocorreu de forma diferente. A partir da exibição do RPfn_1 (mala com rodinha) e do RPfn_2 (vaso quebrado), as atividades realizadas foram, basicamente, de compreensão e focalização de questões gramaticais (no caso dessa aula, o modo imperativo). Nas atividades de compreensão, foi solicitado aos alunos que descrevessem brevemente cada uma das situações apresentadas nos *role plays*, ressaltando os aspectos que, eventualmente, se assemelhavam ou se diferenciavam.

As transcrições dos diálogos foram apresentadas com lacunas, como pode ser verificado na Figura 10, que deveriam ser preenchidas com verbos no modo imperativo. À medida que a atividade foi realizada, oferecemos o *feedback*, enfatizando as características de tal modo verbal e sistematizando suas formas de conjugação.

**Figura 09: Atividade de preenchimento de lacuna**

| 7. Completa le trascrizioni con i verbi che mancano: ||
|---|---|
| **Situazione 1** | **Situazione 2** |
| A: Ehi!<br>B: Ehi! Ce l'ho fatta!<br>A: Ahhhhiii...<br>B: Ah _____! _____ !<br>A: Dolore...<br>B: Ah \_\_\_\_, non \_\_\_\_ è che, cioè... come sai io sono...<br>A: E non avrai esagerato con questa valigia? | A: Ehh Mari?<br>B: Si<br>A: Io sono mortificata, chiedo scusa, ehhh non ho visto la luce, non l'ho trovata.<br>A: È caduto il vaso.<br>B: Quale vaso?<br>A: Quello in bagno sulla mensola.<br>B: Quello di vetro? |
| B: Ah no, _____, _____ ti ho fatto male, è?<br>A: _____, vuoi farti aiutare per metterla su?<br>B: Si, è perché si è aperta, si è rotta, non so che è successo.<br>A: Ti aiuto, dai!<br>B: Grazie! | A: Quello di Murano, sì... Ti giuro... ti chiedo scusa... _____, se mi dici quanto l'hai pagato...<br>B:_____, non mi ricordo perché me l'hanno regalato. Ma è riparabile?<br>A: Eh... mille pezzetti...<br>B: Eh _____...<br>A: sfigata. io sono veramente molto<br>B: Mamma, ma non fa niente.<br>A: No no, veramente, cioè, ti chiedo proprio scusa. Non l'ho fatto apposta, non ho visto la luce stava messa...<br>B: Tranquilla, _____, tranquilla.<br>A: Sicura?<br>B: Sì, sì... |

Ao final do encontro, foram indicados exercícios de conjugação do modo imperativo[30]. Além disso, assim como fizemos com o grupo EXPL, foi promovida uma atividade extraclasse com base nos *role plays* (RPfn_3/água e RPfn_4/sorvete-amiga), exibidos sem o áudio para que fosse elaborado um diálogo.

*Aula 2 – O pedido de desculpas*

A segunda aula com o grupo IMPL foi estruturada de modo similar ao encontro anterior. O primeiro momento da aula, entretanto, não sendo necessária a introdução ao tema, foi dedicado ao controle das atividades extraclasse sugeridas. Primeiramente, foi fornecido o *feedback* dos exercícios gramaticais sobre o modo imperativo. Em seguida, o trabalho se concentrou nas atividades feitas a partir dos *role plays*. Foi pedido aos alunos que lessem suas respostas e, diferentemente do que ocorreu no grupo EXPL, no qual os elementos sociopragmáticos e pragmalinguísticos foram retomados, manteve-se o foco sobre as eventuais inadequações gramaticais presentes nas produções (concordâncias de gênero e número, conjugação verbal etc.).

Em seguida, foram exibidos dois *role plays* como *input* pragmático (RPfn_5/porta do carro e RPfn_6/café) e, assim como na aula anterior, foram feitas atividades de compreensão,

---

[30] Para a realização dos exercícios gramaticais, propostos como atividade extraclasse ao grupo implícito, indicamos o manual de Iacovoni, G.; Persiani, N.; Fiorentino, B. Gramm.it (A2/B1): grammatica italiana per stranieri; con esercizi e testi autentici. 1 ed. Stuttgart: Klett Sprachen, 2009.

e pedido para que os alunos descrevessem cada situação, enfatizando as semelhanças ou diferenças.

Com base na transcrição dos diálogos, novamente apresentada com lacunas (Figura 10), foi proposta a atividade gramatical. Tendo em vista que, nesse caso, os diálogos são menos complexos, os espaços em branco deveriam ser preenchidos pelas expressões formulaicas e uma das lacunas com o verbo *volevo*. A partir desse elemento apresentamos ao grupo o *imperfetto*, com a descrição e as conjugações inerentes a tal tempo verbal.

Figura 10: Atividade de preenchimento de lacunas com verbos no imperfetto

| 4. Completa le trascrizioni con le parole/espressioni che mancano: ||
|---|---|
| Situazione 1 | Situazione 2 |
| A: Oh!_____ ! <br> B: Ah sì... | A: Ah! Mi scusi, mi scusi! Non veramente. Mi dispiace. |
| A: Mi scusi! <br> B:_____. <br> A: Prego. | B: Ci mancherebbe altro! <br> A: Cosa posso fare? <br> B: Niente. Vado in bagno. Grazie, grazie. <br> A:_____... |

Assim como na aula anterior, na fase final desse encontro, indicamos, como atividades extraclasse, exercícios de conjugação do *imperfetto*. Além disso, os alunos deveriam elaborar diálogos com base nos *role plays* que foram exibidos sem o áudio (RPfn_7/água-desconhecido e RPfn_8/sorvete-desconhecido).

## 3.2. Metodologia de análise dos dados: categorias e instrumentos

Nesta última seção do capítulo, descreveremos as categorias adotadas para analisar os resultados da pesquisa e a maneira como procedemos à análise, que se realizou tanto pelo viés quantitativo, quanto qualitativo. Com o intuito de facilitar a leitura da análise, que estará no próximo capítulo, apresentamos no Quadro 27, as siglas adotadas para identificar os instrumentos de coleta dos dados, a descrição sintética das situações e as variáveis independentes manipuladas, isto é, distância social e grau de imposição, que podem ser altos (DS+ e GI+) ou baixos (DS- e GI-).

Quadro 27: Siglas referentes aos instrumentos de coleta de dados

| Instrumento | Situação | Variáveis | | Sigla |
|---|---|---|---|---|
| role play | derrubar a caneta | DS+ | GI- | RP1 |
| role play | derrubar o vinho | DS- | GI+ | RP2 |
| DCT oral | atraso/amigo | DS- | GI- | ODCT1 |
| DCT oral | atraso/desconhecido | DS+ | GI+ | ODCT2 |
| DCT escrito | derrubar a caneta | DS+ | GI- | WDCT1 |
| DCT escrito | derrubar o vinho | DS- | GI+ | WDCT2 |
| DCT escrito | atraso/amigo | DS- | GI- | WDCT3 |

Além disso, conforme explicitamos no início do capítulo, utilizamos as siglas EXPL e IMPL para indicar os grupos experimentais submetidos aos dois tratamentos didáticos de tipo, respectivamente, explícito e implícito.

A respeito dos informantes da pesquisa, escolhemos identificá-los com a abreviatura "inf", seguida de um número definido conforme a sequência de realização dos testes. Desse modo, por exemplo, o informante 7 do grupo EXPL é identificado pela sigla "inf7_EXPL; o informante 4 do grupo IMPL por "inf4_IMPL" etc. Cabe ainda mencionar que, especificamente nos *role plays*, cada informante interagiu com um "ouvinte". Nos casos em que foi necessário observar e descrever também a resposta ou o comportamento do interlocutor, esse elemento foi identificado com a letra "i", seguida da sigla referente ao informante. Assim, para exemplificar, o interlocutor que interagiu com o informante 4 (inf4) do grupo EXPL é identificado como "i_inf4_EXPL", aquele que interagiu com o informante 3 (inf3) do grupo IMPL é representado por i_inf3_IMPL etc.

3.2.1. Categorias de análise

— *Estratégias para a realização do pedido de desculpas*

Para definir quais unidades de análise e categorias seriam utilizadas para os dados, nos concentramos, em um primeiro momento, em organizar as informações coletadas durante o pré e o pós-teste. Para uma visão geral de todas as respostas fornecidas pelos informantes, foram observados conjuntamente os dados obtidos por meio dos WDCTs e as transcrições[31] das produções dos instrumentos orais (RPs e ODCTs).

No caso dos RPs, foi então estabelecido que a unidade de análise corresponderia a todos os atos realizados depois do "gatilho", ou seja, a partir do momento em que ocorre a falta, até a retomada do equilíbrio da interação, isto é, até que cada um, como afirma Goffman (1976, p.67), possa "seguir seu caminho". Nos ODCTs e WDCTs, tendo em vista que não há propriamente uma interação, foi analisada a resposta completa dada pelos informantes.

Em seguida, realizamos uma primeira leitura do *corpus*, buscando recorrências na realização do pedido de desculpas em cada uma das situações e em cada um dos instrumentos. Após esse contato inicial com os dados, focalizamos os elementos que poderiam ser definidos como estratégias para realização do ato e identificamos cada um deles, com base na sua função. O processo de anotação foi feito por meio do *Atlas.ti*, software desenvolvido para trabalhos de análise qualitativa. Criamos, assim, nossas próprias categorias, que foram, em parte, adaptadas a partir de trabalhos anteriores[32] e, em parte, definidas com base nas especificidades do nosso *corpus*. Chegamos a um total de 13 estratégias, descritas no Quadro 28,

---

31  Para melhor viabilizar a comparação entre dados orais e escritos, na transcrição dos diálogos, optou-se por não adotar nenhum sistema de regras e também por não considerar os traços da oralidade.

32  Cfr. Capítulo 2: Olshtain & Cohen (1983); Blum-Kulka *et al* (1989); Trosborg (1995), Aijmer (1996), Meier (1997), Nuzzo (2007).

que contém também exemplos, extraídos do próprio *corpus*[33].

Quadro 28: Estratégias principais para realização do pedido de desculpas encontradas no *corpus*

| Estratégias | Descrição | Exemplo(s) |
|---|---|---|
| Expressão formulaica | Verbo ou expressão altamente convencionalizados que veiculam o pedido de desculpas em italiano | *Mi scusi! Non ho fatto apposta!*<br>*Mi dispiace, sono distratta.*<br>*Scusami! La sua penna non l'ho vista.* |
| Repetição da expressão formulaica | Tentativa de reforçar o pedido de desculpas por meio da repetição dos verbos ou expressões convencionalizadas | *Mi dispiace tantissimo. È prorio un disastro. **Mi dispiace.***<br>*Scusami, per favore, **scusami.*** |
| Admissão da falta | Explicitação da responsabilidade pela falta | *Lo so che sono un po' in ritardo*<br>*Sono tante cose da fare che **mi sono dimenticata di te**...* |
| Apaziguador | Garantia de que, mesmo diante do problema causado, o ouvinte não precisa se preocupar, pois tudo será resolvido | *Pago io per pulire, **non ti preoccupare***<br>*Chiedo di **non ti preocupare** ed anche di scusarmi...* |
| Autodepreciação | Exposição de característica(s) negativa(s) do falante que o levou a cometer a falta | *(...) **un'altra volta** in ritardo, eh?*<br>*Sai **sono troppo distratta**.* |
| Falta de intencionalidade | Explicitação de que não havia intenção de cometer a falta | *Non avevo l'intenzione.*<br>*Scusami, **non volevo fare questo**.* |

---

33  Todos os exemplos extraídos do *corpus* foram mantidos com a grafia utilizada pelos informantes.

| | | |
|---|---|---|
| Interjeição | Palavras ou expressões que transmitem emoção | *Mamma mia!* |
| | | *Ohh porca miseria!* |
| Justificativa | Relato da situação que levou a cometer a falta | *Sono nel treno, però **il treno ha avuto un problema!*** |
| | | *L'autobus è arrivato in ritardo (...)* |
| Pedido por tolerância | Apelo à colaboração do ouvinte para reparar a falta | *(...) **mi poi aspettare** quindici minuti* |
| | | *Non arrabbiarti, per piacere!* |
| Preparador | Elemento que introduz ou prepara para o pedido de desculpas | *Ah... **ti voglio, ti voglio spiegare*** |
| | | *Non sai che mi è sucesso!* |
| Reconhecimento da gravidade | Reconhecimento do prejuízo que a falta trouxe ao ouvinte | *È prorio un disastro* |
| | | *(...) **so che non ti piace per niente** quando arrivo in ritardo* |
| Reparo | Oferecimento de reparo pela falta cometida | *Posso pulire se vuoi.* |
| | | *Sono nel uber, sto arrivando.* |
| Alternativa | Oferecimento de uma ou mais alternativas para resolver o dano causado | *(...) posso pullire **o fa pulliere che io pago qualcuno** o una dita* |
| | | *Arriverò 18:00. **Ma possiamo cambiare il giorno.** Cosa ne pensi?* |

As estratégias descritas no quadro acima foram consideradas principais, uma vez que, de fato, são as que veiculam o pedido de desculpas, singularmente ou combinadas. Todas as categorias, conforme apresentado no Capítulo II, foram definidas com base nos estudos que estão guiando esta investigação. A "expressão formulaica" é mencionada por todos os trabalhos consultados. São expressões rotinizadas e, dessa forma, entendidas como a maneira mais direta, segundo Olshtain & Cohen (1983), Blum-Kulka *et al* (1989) e

Trosborg (1995), ou explícita, conforme Aijmer (1996), de se pedir desculpas. Para Meier (1997), que organiza suas categorias a partir da perspectiva adotada pelo falante, essa estratégia incide na "absolvição", ou seja, na tentativa, por parte do falante, de melhorar sua imagem e manter (ou restaurar) o equilíbrio da relação com o ouvinte. Para Nuzzo (2007), as formas fixas podem representar uma expressão de arrependimento ou um pedido de perdão. Partindo disso, no *corpus*, procuramos por verbos ou expressões altamente convencionalizados, que costumam veicular o pedido de desculpas em italiano (NUZZO, 2007; GHEZZI & MOLINELLI, 2019).

Olshtain & Cohen (1983) afirmam que, embora uma só expressão possa ser suficiente para se pedir desculpas, frequentemente duas ou três são combinadas para que haja mais intensidade na realização do ato. Isso nos levou então a criar a categoria "repetição da expressão formulaica", que nos permite entender em que medida os pedidos de desculpas diretos e explícitos foram reforçados.

Dentre as estratégias mais citadas pelos estudos que tratam do pedido de desculpas, encontra-se a "admissão da falta". Segundo Olshtain & Cohen (1983), Blum-Kulka *et al* (1989) e Nuzzo (2007), por meio desse recurso o falante reconhece, explicitamente, sua responsabilidade pelo ato que prejudicou o ouvinte. Também Trosborg (1995) considera que se trata de uma forma explícita, porém "indireta", de manifestar a responsabilidade. Para Aijmer (1996), diferentemente das formas convencionalizadas, que são explícitas, admitir o erro é um modo implícito de pedir desculpas e, dessa forma, tem a função de "suavizar" a realização do ato.

Na categorização de Meier (1997), admitir a falta pertence à primeira supracategoria ("falante → ouvinte") e, desse modo, é considerado um recurso pelo qual o falante assume que o ouvinte é a vítima da ofensa, demonstrando, assim, apreço por seus sentimentos.

O "reparo" também está dentre os recursos mais citados pelos estudos que descrevemos. Nas classificações de Olshtain & Cohen (1983) e de Blum-Kulka *et al* (1989), essa estratégia é uma forma de ressarcir o ouvinte e pode, portanto, ser relevante somente se a ofensa causou algum tipo de dano físico ou material. Para Trosborg (1995), a oferta de reparo é categorizada como "suporte reparador" e está entre os recursos utilizados pelo falante para se desculpar e demonstrar "apoio" ao ouvinte. Aijmer (1996) também categoriza o "reparo" como uma das estratégias implícitas, que busca minimizar a responsabilidade pela falta cometida, enquanto Meier (1997) o apresenta como mais um dos recursos pelos quais o falante assume que o ouvinte é a vítima da ofensa e, assim, demonstra preocupação com seus sentimentos.

Outra estratégia bastante mencionada pelos estudos consultados é a "autodepreciação", que Olshtain & Cohen (1983) colocam entre aquelas utilizadas pelo falante como uma forma de assumir o erro. Na categorização de Trosborg (1995), está entre os recursos indiretos e, para Aijmer (1996), segue entre as estratégias implícitas. Por fim, na classificação de Nuzzo (2007), é descrita como um recurso que enfatiza as características censuráveis do comportamento (ou caráter) do falante, utilizado com o intuito de evitar o julgamento negativo do ouvinte.

Ainda entre as categorias mais citadas está a "falta de intencionalidade", à qual, tanto no estudo de Olshtain & Cohen (1983) quanto no projeto cross-cultural de Blum-Kulka *et al* (1989), é atribuída a função de veicular o reconhecimento da responsabilidade pela falta, que corresponde, como afirma Nuzzo (2007), à negação de ter causado intencionalmente o ato que prejudicou o ouvinte. Considerada por Aijmer (1996) como mais um exemplo de estratégia implícita, foi denominada por Meier (1997) também "declaração explícita de incoerência", equivalendo a uma tentativa de o falante fazer com que o ouvinte entenda sua posição, já que o ato seria incomum para o falante.

Mais uma estratégia muito presente no nosso *corpus* e nos trabalhos sobre pedido de desculpas é a "justificativa". Olshtain & Cohen (1983) a consideram uma estratégia indireta, já que por meio dela, o falante se desculpa, mencionando os fatos que indiretamente ocasionaram a falta, para que, como afirma Meier (1997), o ouvinte entenda sua posição. No trabalho de Blum-Kulka *et al* (1989), à categoria se dá o nome de "explicação ou relato" e, segundo as autoras, é usada quando o falante busca atenuar a situação, explicando ou relatando os fatos que o levaram a cometer a falta. Trosborg (1995) utiliza a denominação "explicações ou relato da situação" e a insere entre as estratégias indiretas.

Incluímos nas estratégias também o "reconhecimento da gravidade", que é citado com menor frequência nos estudos, às vezes, associado a "sentimentos negativos", como no trabalho de Meier (1997), no qual a autora usa como exemplo a expressão *"it's embarrassing"*. Nuzzo (2007) menciona a categoria da "verificação da gravidade", contudo, enquanto para nós essa estratégia é utilizada pelo falante como forma de manifestar que tem consciência da gravidade da falta cometida, em seu estudo, considera-se a preocupação demonstrada pelo falante, que busca entender como o ouvinte avalia seu erro ("*è un grosso problema?*").

Dentre as estratégias menos mencionadas aparecem ainda o "preparador", a "interjeição" e o "pedido por tolerância". Nos estudos consultados, o primeiro é apresentado somente por Nuzzo (2007), que o descreve como um ato por meio do qual o falante avisa o ouvinte sobre sua intenção de fazer uma "confissão". A "interjeição", por sua vez, encontra-se apenas no estudo de Meier (1997), que a coloca na sua primeira supracategoria ("Falante → Ouvinte"), como recurso, por meio do qual o falante assume que o ouvinte é a vítima da ofensa, demonstrando apreço por seus sentimentos. No trabalho de Blum-Kulka *et al* (1989), a "interjeição" se manifesta por meio de exclamações, que demonstram emoção e é considerada um modificador intensificador. Nesse mesmo sentido, encontramos tal estratégia no estudo de Nuzzo (2007), que também o classifica como modificador reforçador, cuja função principal é enfatizar a frustração do falante por ter cometido a falta.

O "pedido por tolerância" pode se configurar como um "pedido" de duas formas: (a) para que o ouvinte colabore na realização do reparo; (b) para que o ouvinte tenha empatia e não demonstre sua insatisfação com o comportamento do falante. Apenas para o segundo tipo, encontramos uma semelhança no estudo de Meier (1997), que prevê a categoria "esperança de continuação do status quo" – inserida em sua terceira supracategoria ("Falante →← Ouvinte") – com a qual o falante busca, sobretudo, salvar sua face e restaurar o equilíbrio da relação com o ouvinte.

Na leitura do *corpus*, foram encontradas ainda três estratégias, que poderiam pertencer a esse primeiro grupo, mas que, devido à baixa ocorrência, optamos por não considerar na análise dos dados. Dentre tais recursos, há o "adulador", com o qual o falante elogia, demonstra afeto e ressalta o quanto o ouvinte (ou seu bem-estar) é importante para ele, como no exemplo: *"Sai come sei importante per me, mai ti avrei lasciato mi aspetanto"*, ou ainda, *"Sai che tu mi piace un sacco, giusto?"*. Foi utilizado também o "humor" como forma de desfazer a tensão e o constrangimento que a falta possivelmente causou no ouvinte como em: *"E guarda che questo è il mio primo bicchierre, siamo perduti, Hahaha."* Por fim, há estratégias que podem ser ditas "evasivas", as quais o falante recorre para buscar isentar-se completamente da falta, como: *"Non'è colpa mia ma ci troveremmo dopo"*, ou *"Mi dispiace, ma non, non, non ho colpa"*.

Encontramos ainda quatro recursos que não veiculam necessariamente o pedido de desculpas, mas servem para manter a estrutura da interação ou são utilizados pelo falante, junto a outros atos de fala, para demonstrar empatia e consideração pelo ouvinte. No Quadro 29, são apresentados com suas funções e alguns exemplos do *corpus*.

Quadro 29: Estratégias secundárias para realização do pedido de desculpas encontradas no *corpus*

| Estratégias | Descrição | Exemplo(s) |
|---|---|---|
| Apelo | Palavra ou expressão (que pode ser o nome, o apelido, pronomes de tratamento ou adjetivos) utilizadas como primeiro contato do falante com o ouvinte | *Angela, mi dispiace!* *Amico, lo so che i ritardi ti fanno incazzare* |
| Despedida | Expressão formulaica utilizada no encerramento da interação | *Un bacione dispiace...* *Aspettami! Ci vediamo.* |
| Agradecimento | Fórmula utilizada geralmente quando se sabe ou se antecipa a aceitação do pedido por tolerância ou do próprio pedido de desculpas | *Scusami e **grazie*** |
| Pedido de acordo | Frase ou expressão convencionalizada utilizada após uma proposta de reparo, ou como resposta quando o ouvinte busca isentar o falante da culpa ou do reparo | – *Non ti preoccupare, non ti preoccupare... Beviamo il vino.* – ***Sicura?*** |

Das quatro estratégias que consideramos secundárias, duas aparecem também nos estudos consultados e são o "apelo" e o "agradecimento". O "apelo" é apresentado por Blum-Kulka *et al* (1989) e por Nuzzo (2007) como um recurso, cuja função é chamar a atenção do ouvinte para o ato de fala que será realizado. Do ponto de vista discursivo, sua função é "abrir" a interação e, certamente, a forma como isso ocorre pode ser bastante estratégica na realização do pedido de desculpas. O "agradecimento", por sua vez, é citado por Meier (1997) como "expressão de apreciação" da atitude do ouvinte. No *corpus*, verificamos que tal recurso pode se configurar do mesmo modo, já que o falante, quando o utiliza, antecipa a atitude do ouvinte, demonstrando acreditar que as desculpas ou o reparo foram/serão aceitos.

As outras duas estratégias secundárias são a "despedida" e a "verificação do consentimento". Assim como o "apelo", entendemos que a "despedida", com sua função discursiva, pode ser bastante estratégica para a realização do pedido de desculpas. No entanto, enquanto aquele recurso abre a interação, a "despedida" é utilizada para o seu fechamento e, dessa maneira, encerra a "negociação", dando o pedido de desculpas como aceito e mostrando que o equilíbrio foi restaurado (GOFFMAN, 1976). O "pedido de acordo", por fim, refere-se a expressões bastante estratégicas uma vez que conferem ao ouvinte uma posição de "poder". Esse recurso é frequentemente utilizado pelo falante como uma forma de considerar a opinião do ouvinte que pode ou não aceitar o pedido de desculpas ou o reparo oferecido.

Retomadas as funções de cada estratégia, reorganizamos as categorias encontradas no *corpus*, em cinco grandes categorias que guiaram, sobretudo, a análise com viés qualitativo. Essa divisão, conforme Quadro 30, foi baseada nas considerações que os trabalhos consultados fazem para cada uma das estratégias e, em parte, é semelhante àquela apresentada por Meier (1997), tendo em vista que considera a relação falante-ouvinte.

Quadro 30: Reorganização das categorias a partir da função e da relação falante – ouvinte

| Estratégias | Características |
|---|---|
| Apelo | Estratégias discursivas |
| Despedida | |

| | |
|---|---|
| Expressão formulaica<br>Repetição da expressão formulaica | Estratégias explícitas e diretas para se realizar o pedido de desculpas |
| Justificativa<br>Pedido por tolerância<br>Pedido de acordo<br>Preparador<br>Agradecimento | Estratégias por meio das quais o falante assume a culpa, entretanto conta com a colaboração/empatia do ouvinte |
| Reparo/garantia<br>Reparo/garantia alternativos<br>Apaziguador | Estratégias com as quais o falante assume a culpa, reconhece, portanto, o ouvinte como "vítima" e busca dar suporte pelo problema que foi causado |
| Interjeição<br>Admissão da falta<br>Falta de intencionalidade<br>Autodepreciação<br>Reconhecimento da gravidade | Estratégias pelas quais o falante assume a culpa e reconhece sua responsabilidade pela falta |

Como pode ser observado, à parte os elementos discursivos, que servem também como estratégia para o pedido de desculpas, e as expressões rotinizadas, que serão consideradas como as formas mais diretas e explícitas para realizar o ato, os outros recursos se agrupam entre:

    a.   estratégias pelas quais o falante assume a culpa, mas contando com a colaboração do ouvinte;
    b.   estratégias pelas quais o falante assume a culpa, focando em oferecer suporte para o dano causado;
    c.   estratégias pelas quais o falante assume a culpa, manifestando sua responsabilidade pela falta.

### 3.2.2. Instrumentos de análise dos dados

Para examinar os dados coletados na pesquisa, em um primeiro momento, procedemos a uma análise estatística com o intuito de verificar se a diferença entre o número de estratégias utilizadas no pré e no pós-teste era significante a ponto de representar um efeito dos tratamentos didáticos. Nas análises, optamos por não considerar o desempenho individual de cada informante, mas o número total de estratégias utilizadas em cada grupo, antes e após o tratamento, para termos uma análise mais global dos dados, que nos deu a possibilidade de verificar cada grupo como um todo.

Na realização dos cálculos estatísticos, foi utilizado o software *Stata Release 16.0* e aplicado o teste de sinais de *Wilcoxon*, um método não-paramétrico, pois não pressupõe que os dados sigam uma distribuição específica. Além disso, é adequado na comparação de amostras pareadas, no nosso caso, representadas pelas estratégias utilizadas pelo mesmo grupo, comparadas em dois momentos diferentes (pré e pós-teste).

Após o tratamento estatístico dos dados, as produções dos aprendizes foram observadas de forma mais detalhada. Com a análise qualitativa, buscamos verificar se, entre pré e pós-teste, houve diferenças no "comportamento" dos grupos, com base nas categorias escolhidas mais frequentemente para a realização do ato e se tais diferenças poderiam estar relacionadas às variáveis que manipulamos (GI e DS). Os resultados obtidos em cada grupo foram comparados para verificar se e em que medida poderiam ser observadas mudanças, tanto pelo viés quantitativo quanto por uma perspectiva qualitativa.

Por fim, comparamos os instrumentos de coleta de dados, contrapondo, de um lado, RPs e ODCTs, os instrumentos orais por meio dos quais nossa hipótese era que se poderia verificar o conhecimento procedural; e, de outro, os WDCTs, que, por serem escritos e produzidos sem limites de tempo, tenderiam a enfatizar o conhecimento declarativo dos aprendizes.

# CAPÍTULO IV

## O USO DE ESTRATÉGIAS PARA O PEDIDO DE DESCULPAS ANTES E APÓS O TRATAMENTO: ANÁLISE E DISCUSSÃO DOS RESULTADOS

## 4.1. Grupo explícito vs. grupo implícito: a análise quantitativa

Para comparar os resultados obtidos pelos dois grupos experimentais (EXPL e IMPL), procedemos inicialmente a uma análise estatística realizada por meio do teste de sinais de *Wilcoxon*. Com esse método, verificou-se, primeiramente, o coeficiente de variação, com o qual é possível acessar os números mínimo e máximo de ocorrências das estratégias utilizadas, no pré e no pós-teste. Além disso, obteve-se a mediana que, organizando em ordem crescente os números de ocorrências, apresenta o valor da tendência central. Calculou-se também a média, que resulta da divisão entre o total de ocorrências em cada teste e o número de estratégias que encontramos no *corpus* (N = 17) e, a seguir, o desvio padrão (DP), que indica o grau de dispersão dos valores: quanto mais próximo estiver do zero mais homogêneos são os dados. Por fim, a análise evidenciou o *p-valor* da comparação entre pré e pós-teste de cada instrumento nos dois grupos, ou seja, o coeficiente da probabilidade de os resultados representarem, de fato, um efeito da intervenção didática. Nos testes estatísticos, de um modo geral, assume-se que o *p-valor* < 0,05 indica resultados significantes.

A análise foi realizada com base no número de estratégias efetivamente utilizadas pelos aprendizes de cada grupo, para que fosse possível verificar as diferenças entre pré-teste e pós-teste e, a partir disso, avaliar em que medida foram modificados os pedidos de desculpas. Uma visão geral dos resultados obtidos é representada pela Tabela 1:

Tabela 1: Uso de estratégias para realização do pedido de desculpas antes e após os tratamentos didáticos

| Instrumento | Medidas | EXPL Pré-Teste (N=17) | EXPL Pós-Teste (N=17) | p-valor | IMPL Pré-Teste (N=17) | IMPL Pós-Teste (N=17) | p-valor |
|---|---|---|---|---|---|---|---|
| RP1 (derrubar a caneta) | Variação Mediana Média (DP) | 0 – 9 0 1,4 (2,6) | 0 – 9 0 1,2 (2,3) | 0,625 | 0 – 9 0 1,0 (2,2) | 0 – 9 1 1,7 (2,8) | 0,219 |
| RP2 (derrubar o vinho) | Variação Mediana Média (DP) | 0 – 13 1 2,6 (3,8) | 0 – 14 2 3,4 (4,4) | 0,078 | 0 – 12 2 2,9 (3,4) | 0 – 12 3 3,5 (3,3) | 0,234 |
| ODCT1 (atraso/ amigo) | Variação Mediana Média (DP) | 0 – 9 1 2,5 (3,2) | 0 – 9 5 4,0 (3,1) | **0,005** | 0 – 10 1 3,0 (3,8) | 0 – 9 3 3,2 (3,2) | 0,557 |
| ODCT2 (atraso/ desconhecido) | Variação Mediana Média (DP) | 0 – 9 2 3,1 (3,2) | 0 – 11 4 3,9 (3,4) | 0,181 | 0 – 10 2 3,0 (3,3) | 0 – 10 1 2,9 (3,3) | 0,883 |

|  | Média (DP) | 3,1 (3,2) | 3,9 (3,4) |  | 3,0 (3,3) | 2,9 (3,3) |  |
|---|---|---|---|---|---|---|---|
| WDCT1 (derrubar a caneta) | Variação Mediana Média (DP) | 0 – 9 0 1,3 (2,3) | 0 – 9 1 2,0 (2,7) | 0,031 | 0 – 9 0 1,5 (2,6) | 0 – 9 1 1,8 (2,5) | 0,359 |
| WDCT2 (derrubar o vinho) | Variação Mediana Média (DP) | 0 – 8 1 1,8 (2,5) | 0 – 10 1 3,1 (3,9) | 0,016 | 0 – 9 1 2,0 (2,9) | 0 – 8 1 2,1 (2,5) | 0,504 |
| WDCT3 (atraso/ amigo) | Variação Mediana Média (DP) | 0 – 8 2 2,7 (3,0) | 0 – 8 3 3,5 (2,9) | 0,021 | 0 – 9 1 2,6 (3,3) | 0 – 8 2 3,2 (3,2) | 0,210 |
| WDCT4 (atraso/ desconhecido) | Variação Mediana Média (DP) | 0 – 9 1 2,3 (3,1) | 0 – 10 2 3,3 (3,7) | 0,051 | 0 – 9 2 2,5 (2,9) | 0 – 9 1 2,9 (3,4) | 0,510 |

Como pode ser verificado, a variação mostra que o número mínimo de ocorrências de estratégias, em todos os instrumentos, foi zero, tanto no pré quanto no pós-teste dos dois grupos experimentais. Isso indica que, considerando todas as categorias encontradas no *corpus* (N = 17), em todas as situações, houve casos de estratégias que nunca foram escolhidas. De fato, acessando os dados, observamos, por exemplo que no RP1 (derrubar a caneta), os informantes, tanto do grupo EXPL quanto do IMPL, não recorreram ao "preparador", cuja função é geralmente a de avisar o ouvinte sobre o ato que será realizado (*Voglio parlare una cosa; Hum, sai, io ti voglio dire che*), e ao "apaziguador" que, junto do reparo, busca tranquilizar o interlocutor e garantir que o problema será solucionado (*non ti preoccupare; Chiedo di non ti preoccupare*). Tendo em vista que o RP1 (derrubar a caneta) é uma situação com gatilho imediato e de baixo grau de imposição (GI-), possivelmente, tais estratégias foram julgadas desnecessárias pelos informantes. A falta, ocorrendo diante do ouvinte, no momento da interação, dispensaria um ato preparador e apenas o "reparo" (*Ecco*... [entrega a caneta]; *La prendo*) pode ser suficiente para restaurar o equilíbrio da relação.

Quanto ao número máximo de ocorrências, verifica-se que os valores dependem tanto do instrumento quanto do momento observado (pré ou pós-teste). Ainda no RP1, percebe-se que em ambos os grupos experimentais, a estratégia mais utilizada ocorreu nove vezes, tanto antes quanto após o tratamento. Trata-se, nesse caso, da "expressão formulaica", utilizada uma vez por todos os informantes, conforme os dados apresentados no Exemplo 1:

**Exemplo 1**

| | EXPL | | | IMPL | |
|---|---|---|---|---|---|
| | Pré-Teste | Pós-Teste | | Pré-Teste | Pós-Teste |
| inf1_EXPL | *Scusatemi.* | *Mille scuse.* | inf1_IMPL | *Scusi.* | *Mi scusi* |
| inf2_EXPL | *Mi dispiace.* | *Scusi.* | inf2_IMPL | *Mi scusi.* | *Scusi.* |
| inf3_EXPL | *Scusa* | *Scusa, scusa.* | inf3_IMPL | *Mi scusa, mi scusa.* | *Mi dispiace. Mi dispiace.* |
| inf4_EXPL | *Mi scusa.* | *Scusami.* | inf4_IMPL | *Scusi.* | *Scusi, scusi.* |
| inf5_EXPL | *Scusa.* | *Perdon.* | inf5_IMPL | *Mi scusi.* | *Mi dispiace.* |
| inf6_EXPL | *Mi dispiace.* | *Scusami.* | inf6_IMPL | *Scusate.* | *Scusami.* |
| inf7_EXPL | *Scusami.* | *Scusi.* | inf7_IMPL | *Scusate, scusate.* | *Scusami.* |
| inf8_EXPL | *Scusatemi.* | *Scusi. Scusi.* | inf8_IMPL | *Mi scusi, scusi.* | *Mi dispiace.* |
| inf9_EXPL | *Scusi.* | *Mi scusi.* | inf9_IMPL | *Scusi.* | *Mi scusi.* |

Já no RP2, observa-se que no grupo EXPL, antes do tratamento, a estratégia mais utilizada ocorreu 13 vezes. Trata-se da "interjeição" (*Oh! Porca la miseria; Mamma mia!; No!*) que, após o tratamento, ainda foi a mais escolhida e apresentou 14 ocorrências. No grupo IMPL, embora o número máximo de ocorrências de uma mesma categoria seja idêntico no pré e no pós-teste (12), a estratégia mais utilizada antes da intervenção foi, como no grupo EXPL, a "interjeição" (*Ma che peccato!; Oh, Dio mio!*), cuja posição, após o tratamento, foi ocupada pelo "reparo" (*Prenda una tovaglia che io pulisco questo; posso pulire*).

Com o cálculo da mediana, é possível observar que os instrumentos e testes (pré e pós) que apresentam valor igual a 0 são aqueles, nos quais se recorreu ao menor número de estratégias (< 8). No RP1, por exemplo, os informantes do grupo EXPL utilizaram 5 estratégias no pré e 7 no pós-teste. No grupo IMPL, houve somente 6 estratégias antes do tratamento. Outros dois casos em que mediana equivale a 0 estão no WDCT1 (derrubar a caneta): no pré-teste, o grupo EXPL recorreu, ao todo, a 8 categorias e o IMPL a 7. Esse dado mostra que todos os casos em que se utilizou um número menor de estratégias se referem à mesma situação: derrubar a caneta. Isso pode ser um indício de que, para os informantes, em uma situação de gatilho imediato e baixo grau de imposição (GI-) não é necessário recorrer a um número muito grande de recursos para se desculpar.

Na maioria dos instrumentos, conforme apontado pelo cálculo da média, o número de ocorrências é maior após o tratamento. Há exceções em dois casos: o primeiro é no RP1 (derrubar a caneta), em que o grupo EXPL apresentou, em valores absolutos, 24 ocorrências antes (média = 1,4) e 21 após a intervenção didática (*média* = 1,2); o segundo está no ODCT1 (atraso/amigo), no qual no grupo IMPL, houve 51 ocorrências no pré (*média* = 3,0) e 49 no pós-teste (*média* = 3,2).

Considerando agora o desvio padrão (DP), os valores elevados (> 0) indicam uma grande variabilidade quanto às estratégias escolhidas, sendo que algumas foram selecionadas com muito mais frequência em relação a outras. Isso ocorreu com todos os instrumentos e situações. Como exemplo, podemos mencionar o ODCT 2 (atraso/desconhecido): os informantes do grupo EXPL, no pré-teste, recorreram 9 vezes à "admissão da falta" (*Mi sono proprio dimenticata; Ho totalmente dimenticato di te*) e somente uma vez ao "preparador" (*Pietro, devo dirti la verità*). Após o tratamento, foram 11 as ocorrências do "reparo" (*sono da te fra 15 minuti; Prendi un Uber e arrivando aqui ti pago*) e somente uma da "interjeição" (*mamma!*).

Passando, por fim, para os resultados obtidos por meio do tratamento estatístico do *p-valor*, observamos, primeiramente, que, no que tange aos RPs, tanto o grupo EXPL quanto o IMPL não apresentaram diferenças entre as respostas fornecidas antes e após o tratamento. Esses resultados não condizem com a maioria dos achados pelos estudos que se concentram em investigar diferentes abordagens de ensino (TAGUCHI, 2015).

Na primeira situação (derrubar a caneta), poderíamos supor que o gatilho imediato e o baixo grau de imposição, que, como constatamos, exigem uma quantidade menor de estratégias, justificam também a escolha de recursos mais simples e diretos para se desculpar, como acontece com as formas convencionalizadas (OLSHTAIN & COHEN, 1983; BLUM-KULKA, *et al*, 1989; NUZZO, 2007). Dessa forma, o nível de conhecimento linguístico dos aprendizes pode ter sido suficiente para que as respostas fossem adequadas já no pré-teste e não sofressem alterações significativas após o tratamento, conforme reportado nos Exemplos 2 e 3:

**Exemplo 2**

| **Pré-teste** | | **Pós-teste** | |
|---|---|---|---|
| inf4_EXPL: | *Scusa. Ecco la tua penna.* | inf4_EXPL: | *Scusa, scusa. Ecco...* |
| i_inf4_EXPL: | *Oh! Grazie.* | i_ inf4_EXPL: | *No, no, no. Non c'è problema. Non c'è problema* |

**Exemplo 3**

| **Pré-teste** | | **Pós-teste** | |
|---|---|---|---|
| inf6_IMPL: | *Scusate. Non sono molto attenta oggi. Mi dispiace.* | inf6_IMPL: | *Oh, scusami, non volevo fare questo* |
| | | i_inf6_IMPL: | *Non c'è problema, tranquilla. Non c'è problema.* |

Contudo, é também possível que, no RP1 (derrubar a caneta), a diferença na produção dos informantes de ambos os grupos experimentais, entre pré e pós-teste, não tenha sido significante porque, de fato, o tratamento não causou nenhum efeito. Esse argumento explicaria melhor os resultados encontrados no RP2 (derrubar o vinho). Nessa situação, embora o gatilho seja imediato, diferentemente do RP1, o grau de imposição é alto (GI+) e a distância social é baixa (DS-), o que poderia motivar a utilização de um número maior de estratégias não só para manifestar o pedido de desculpas de forma explícita, mas também para expressar a preocupação em reparar o dano causado e garantir, entre outras coisas, a manutenção da harmonia na relação de amizade (NUZZO, 2007).

Dessa forma, pode-se inferir que para os *role plays*, ou seja, instrumentos que exigem uma interação em tempo real e que, assim, exteriorizam mais facilmente o conhecimento procedural dos informantes, nenhum dos tratamentos didáticos tenha se mostrado eficaz para sensibilizar os aprendizes em relação ao uso de estratégias para a realização do pedido de desculpas e à influência das variáveis contextuais.

Quanto aos ODCTs, os resultados foram parcialmente em outra direção. Na primeira situação (encontro/amigo), conforme destacado em negrito na Tabela 1, o grupo EXPL apresentou diferenças significantes entre as respostas fornecidas no pré e no pós-teste (*p-valor* = 0,005). Esse dado indica, sobretudo, que os informantes recorreram a um número expressivamente maior de estratégias após o tratamento. É o que acontece, por exemplo, com o informante 8 do grupo EXPL (inf8_EXPL) que, enquanto no pré-teste, utilizou 4 estratégias para se desculpar, no pós-teste, além das estratégias utilizadas antes do tratamento, recorreu a outras 7 categorias, realizando, portanto, o ato com 11 estratégias (Exemplo 4).

**Exemplo 4**

| | | | |
|---|---|---|---|
| **Pré-teste** | inf8_EXPL | Ah allora...Ciao amica, io sto un po' in ritardo e ti invio 'sto vocale per farti sapere questa cosa. Anche se so che ti faccio incazzare quando sto in ritardo, però capita. Sto in macchina però arrivo tra un po'. | apelo + admissão da falta + rec da gravidade + reparo |
| **Pós-teste** | inf8_EXPL | Ciao amica. Huumm... sai, io ti voglio dire che sono in ritardo come al solito. Lo so che non ti piace, però... è successo un imprevisto, ho fatto un po 'di ritardo a casa e adesso sono in autobus. Mi sa che arrivo con tipo mezz'ora di ritardo. Scusami, scusami. Poi, poi ci vediamo se riesci ad aspettarmi. Bacio e scusa un'altra volta. | apelo + preparador + admissão da falta + autodepreciação + rec. da gravidade + justificativa + reparo + expressão formulaica + pedido por tolerância + despedida + rep. da exp. formulaica |

Embora, assim como o RP, o ODCT seja um teste, que tendencialmente revela mais o conhecimento procedural dos aprendizes, o fato de os resultados do ODCT1 divergirem daqueles encontrados nos RPs pode se justificar por duas linhas argumentativas. Primeiramente, pelas características da falta: diferentemente do que ocorre nos RPs, nesse caso, o gatilho não é imediato e, tanto o grau de imposição quanto a distância social são baixos (GI- DS-). A instrução parece, portanto, ter sido eficaz em termos de sensibilização para o uso de estratégias, quando a falta não é grave e o ato é dirigido a uma pessoa com quem se tem intimidade. Em segundo lugar, o instrumento de coleta de dados, nesse caso, não requer uma interação real. Dessa forma, mesmo se tratando de um teste

187

oral, os informantes têm mais tempo para a elaboração ou reestruturação do ato, sem que seja necessário administrar as (re)ações imediatas do ouvinte, típicas da dinâmica interacional. Nesse caso, o tratamento didático pode ter causado efeito na produção dos informantes pela "tranquilidade", relacionada, dessa vez, às condições mais favoráveis em termos de tempo para refletir sobre a resposta e elaborar o ato de fala. Embora nossas hipóteses não sejam verificáveis, o resultado do ODCT1 (atraso/amigo) converge com grande parte dos estudos que comparam a eficácia relativa às instruções de tipo explícito e implícito e assumem que a instrução explícita pode atingir níveis mais altos de conscientização o que favorece o aprendizado.

Diferentemente do que ocorreu no ODCT1 (atraso/amigo), na segunda situação (atraso/desconhecido), ambos os grupos experimentais voltaram a não apresentar diferenças significantes entre as respostas do pré e do pós-teste ($p\text{-}valor$ = 0,883). Tanto no ODCT1 quanto no ODCT2, a falta é da mesma natureza ("tempo") e o gatilho não é imediato. Sendo assim, o fato de os resultados irem em direção oposta pode estar relacionado às variáveis independentes: diferentemente da primeira situação, nesse caso, tanto o grau de imposição quanto a distância social são altos (GI+ DS+). Poderíamos, portanto, presumir que a dificuldade, quando se comete uma falta grave direcionada a alguém com quem não se tem intimidade, seja um fator que impede a sensibilização dos aprendizes quanto ao uso de estratégias no pedido de desculpas. Além disso, pode-se considerar ainda que a situação do ODCT1 – chegar atrasado a um encontro informal com um amigo – seja, possivelmente, algo mais recorrente na vida quotidiana dos aprendizes, se comparada à situação do ODCT2 – se atrasar para buscar um convidado estrangeiro do casamento de um amigo. Isso poderia indicar que, enquanto uma situação conhecida favorece os efeitos do tratamento, a falta de familiaridade com o contexto traz novamente dificuldades que impossibilitam a sensibilização no que diz respeito ao uso de estratégias. Novamente, nossas hipóteses não podem ser confirmadas, contudo, é fato, que o resultado do ODCT2 (atraso/desconhecido) volta a coincidir com achados menos recorrentes na literatura.

Por fim, ainda observando os resultados do *p-valor* destacados em negrito (Tabela 1), verifica-se que em todas as situações dos WDCTs, o grupo EXPL apresentou diferenças significantes entre as respostas fornecidas no pré e no pós-teste. Nos próximos Exemplos (5, 6, 7 e 8), apresentam-se algumas amostras desses fenômenos que indicam, sobretudo, que os informantes selecionaram um número maior de recursos após o tratamento.

**Exemplo 5**

| WDCT1 (derrubar a caneta) | **Pré-teste** | inf4_EXPL | *Scusa. Ecco la sua penna.* |
|---|---|---|---|
| | **Pós-teste** | inf4_EXPL | *Scusami. Mi dispiace. Veramente no volevo. Ecco la sua penna.* |

**Exemplo 6**

| WDCT2 (derrubar o vinho) | **Pré-teste** | inf8_EXPL | *Oh mio Dio, managgia scusami... scusami.* |
|---|---|---|---|
| | **Pós-teste** | inf8_EXPL | *OH MIO DIO! SCUSAMI!Ah! Ma è bianco il tuo divano, oddio, cosa posso fare? Pago io per pulire, non ti preoccupare. Scusami veramente veramente, sono proprio cogliona. È pure rosse il vino, mi dispiace.* |

**Exemplo 7**

| | | | |
|---|---|---|---|
| WDCT3 (atraso/ amigo) | Pré-teste | inf2_EXPL | *Carissima sono tantissima in ritardo scusatimi... arrivero alle 15 e 30min.* |
| | Pós-teste | inf2_EXPL | *Scusa amica. Mi sono dimenticata oggi, sto male di testa, mi poi aspetari un momento di piu, devo arrivare piu o meno alle 15h30. Per favore, scusa, perdonami! Direi.* |

**Exemplo 8**

| | | | |
|---|---|---|---|
| WDCT4 (atraso/ desconhecido) | Pré-teste | inf7_EXPL | *Ciao Giorgio, sono in ritardo perchè c'è molto traffico per strada. Mi dispiace il ritardo ma secondo me arriverò fra un quarto d'ora.* |
| | Pós-teste | inf7_EXPL | *Ciao, Giorgio! Scusami! Mi dispiace, ho avuto un problema e sono in ritardo. Mi aspetti, arriveró presto nel tuo albergo. Fra quindici minuti arrivo lì.* |

No Exemplo 5, que se refere ao WDCT1 (derrubar a caneta), o informante utilizou 2 estratégias antes do tratamento: a "expressão formulaica" (*Scusa*) e o "reparo" (*Ecco la sua penna*). Após o tratamento, a "expressão formulaica" (*Scusami*) e o "reparo" (*Ecco la sua penna*.) voltam a ser utilizadas, entretanto, o informante recorreu ainda à "repetição da expressão formulaica" (*Mi dispiace*) e à "falta de intencionalidade" (*Veramente no volevo*).

O WDCT 2 (derrubar o vinho), reportado no Exemplo 6, mostra que o informante utilizou, no pré-teste, a "interjeição" (*Oh mio Dio*), a "expressão formulaica" (*managgia scusami...*) e a "repetição da expressão formulaica" (*scusami*), ou seja, 4 estratégias para se desculpar. No pós-teste, o número total de estratégias passou para 12. O informante recorreu tanto às mesmas categorias do pré-teste quanto a novos recursos, utilizando-os, inclusive, mais de uma vez. Assim, estão presentes 3 vezes a "interjeição" (*OH MIO DIO!; Ah!; oddio*), 2 vezes o "reconhecimento da gravidade" (*Ma è bianco il tuo divano; È pure rosse il vino*); 2 vezes o "reparo" (*cosa posso fare?; Pago io per pulire*) e a "repetição da expressão formulaica" (*Scusami veramente veramente; mi dispiace*); e uma vez a "expressão formulaica" (*SCUSAMI!*), o "apaziguador" (*non ti preoccupare*) e a "autodepreciação" (*sono proprio cogliona*).

As situações do WDCT1 e WDCT2 correspondem, respectivamente, àquelas apresentadas no RP1 e no RP2, ou seja, derrubar a caneta e derrubar o vinho. Conforme apontam os resultados, embora as situações sejam idênticas, somente nos testes escritos houve diferenças significantes entre o pré e o pós-teste e tal diferença ocorreu apenas no grupo EXPL. Dessa forma, pode-se supor que as condições próprias do RP, enquanto instrumento que exige interação e imediatez, não permitem reflexões mais demoradas sobre a forma como o ato deve ser realizado e, assim, não favorecem uma adequação no uso de estratégias, que poderia se refletir em uma maior frequência. Já nos WDCTs, por terem mais tempo para elaborar o ato de fala, podendo, inclusive, reler, voltar ou corrigir a resposta, os aprendizes tendem a selecionar com mais tranquilidade e consciência uma quantidade maior de recursos do próprio repertório e a produzir pedidos de desculpas mais "sofisticados".

No Exemplo 7, extraído do WDCT3 (atraso/amigo), contém, no pré-teste, 4 estratégias: o "apelo" (*Carissima*), a "admissão da falta" (*sono tantissima in ritardo*), a "expressão formulaica" (*scusatimi...*) e o "reparo" (*arrivero alle 15 e 30min*); enquanto, no pós-teste, foram utilizadas 7 categorias: novamente a "expressão formulaica" (*Scusa amica.*), a "admissão da falta" (*Mi sono dimenticata oggi,*), o "reparo" (*devo arrivare piu o meno alle 15h30.*), mas com o acréscimo da "autodepreciação" (*sto male di testa*), do "pedido de acordo/ consentimento" (*mi poi aspetari un momemto di piu,*) e ainda de 2 ocorrências da "repetição da expressão formulaica" (*Per favore, scusa; perdonami! Direi.*).

Por fim, no Exemplo 8, com um caso do WDCT4 (atraso/ desconhecido), observa-se que o informante utilizou 5 estratégias antes do tratamento, a saber: "apelo" (*Ciao Giorgio*), "admissão da falta" (*sono in ritardo*), "justificativa" (*perchè c'è molto traffico per strada*), "expressão formulaica"(*Mi dispiace il ritardo*) e o "reparo" (*ma secondo me arriverò fra un quarto d'ora.*) Após o tratamento, o mesmo informante recorreu às categorias utilizadas anteriormente, porém acrescentou outras 3 estratégias: "apelo" (*Ciao, Giorgio!*), "expressão formulaica" (*Scusami!*), "repetição da expressão formulaica" (*Mi dispiace*), "justificativa" (*ho avuto un problema*), admissão da falta (*sono in ritardo*), "pedido por tolerância/ consentimento" (*Mi aspetti,*), e duas ocorrências do "reparo" (*arriveró presto nel tuo albergo; Fra quindici minuti arrivo lì.*).

A situação do WDCT3 e do ODCT1 é idêntica, assim como a do WDCT4 e do ODCT2: em ambos os casos, a falta é constituída pelo atraso, mas na primeira dupla de instrumentos o compromisso é com um(a) amigo(a) e na segunda com uma pessoa desconhecida. Na comparação entre o WDCT3 e o ODCT1 (atraso/amigo), percebemos que em ambos os instrumentos, o grupo EXPL apresentou respostas com diferenças significantes, entre o pré e o pós-teste. No caso do ODCT, tendo em vista que foi a única situação que apresentou resultado nesse sentido, supomos que o tratamento didático tenha causado efeito na produção dos informantes, devido às variáveis (GI- / DS-) e a uma possível familiaridade com a situação. No caso do WDCT3, no entanto, é mais provável que o tratamento explícito tenha sido mais eficaz pelas condições do instrumento. De fato, como já dissemos, o teste escrito oferece a oportunidade de selecionar as estratégias, elaborar a resposta e, eventualmente, até fazer correções. Esse argumento ganha força quando confrontamos, por fim, os resultados do WDCT4 e ODCT2. Também nesse caso, o grupo EXPL foi o único que apresentou diferenças significantes, entre pré e pós-teste, e tais diferenças ocorreram somente no teste escrito, no qual o tempo a disposição facilita a utilização do conhecimento de tipo declarativo, que o grupo EXPL desenvolveu durante as aulas.

A comparação entre todos os instrumentos, no pré e pós-teste e nos dois grupos, expressa pelo *p-valor*, evidencia, portanto, que o grupo EXPL foi o único que apresentou diferenças na produção dos informantes entre pré e pós-teste. Esse dado corrobora os resultados da maioria dos estudos interventivos que, ao observar o efeito dos tratamentos didáticos, encontraram evidências de que o de tipo explícito é mais eficaz para o ensino da pragmática em L2. Nossos achados coincidem ainda com algumas das pesquisas apresentadas no Capítulo I que, também investigando a eficácia relativa às instruções explícita e implícita, concluíram que a primeira apresenta resultados mais satisfatórios (KOIKE & PERSON, 2005; ALCÓN-SOLER, 2007; NGUYEN *et al* 2012; GHOBADI & FAHIM, 2009; SIMIN *et al* 2014; FORDYCE, 2014).

Entretanto, cabe ressaltar que o grupo EXPL não apresentou diferenças significantes no uso de estratégias para o pedido de desculpas em todos os instrumentos. Conforme apresentamos, os resultados foram significantes, especificamente, nos WDCTs, ou seja, quando observamos a produção dos aprendizes por meio de instrumentos que tendem a fazer emergir o conhecimento declarativo ou, no nosso caso, metapragmático. Portanto, a instrução explícita pareceu mais eficaz no que tange ao desenvolvimento da aprendizagem explícita, ou seja, à capacidade consciente de resolução de problemas que envolve tentativas de formar representações, acessar a memória por conhecimentos relacionados a determinado tema ou formar e testar as próprias hipóteses (SCHMIDT, 1993).

### 4.2. Escolha das estratégias: a análise qualitativa

4.2.1. Role play 1 – derrubar a caneta

Conforme indicado pela Tabela 1, na comparação entre pré e pós-teste, o grupo EXPL não apresentou diferença significante entre os resultados obtidos nos dois momentos ($p$-*valor* = 0,625). Focalizando as estratégias mais utilizadas, observa-se que também não há diferenças substanciais. Antes do tratamento, prevalecem a "expressão formulaica", a "interjeição" e o "reparo", como mostra o Exemplo 9:

**Exemplo 9**

| inf5_EXPL | Mi scusa. | Expressão formulaica |
| inf8_EXPL | Ah! Scusami. | Interjeição + expressão formulaica |
| inf7_EXPL | Oh! Mi dispiace. | Interjeição + expressão formulaica |
| inf1_EXPL | Oh! Scusi, mi dispiace. Ecco la penna. | Interjeição + expressão formulaica + reparo |
| inf4_EXPL | Scusa. Ecco la tua penna | Expressão formulaica + reparo |

Essa constatação nos sugere que os pedidos de desculpas foram realizados de forma mais explícita e direta, reconhecendo que o ouvinte, de fato, sofreu um dano e oferecendo a "solução" necessária para sanar o problema.

No pós-teste, os falantes recorrem menos às formas fixas, ao suporte oferecido ao ouvinte e optam também pela "admissão da falta" (*Ho lasciato cadere su penna*) e pela "falta de intencionalidade" (*Non volevo fare questo*). Contudo, a sequência "interjeição" + "expressão formulaica" continua sendo a mais utilizada, como pode ser conferido nos dados apresentados no Exemplo 10:

195

**Exemplo 10**

| inf1_EXPL: | *Oh! Mille scuse.* |
| inf2_EXPL: | *Ah! Scusi.* |
| inf3_EXPL: | *Oh! Mi scusi.* |
| inf8_EXPL: | *Ah! Mi scusi.* |
| inf9_EXPL: | *Oh! Scusi. Scusi.* |

O comportamento do grupo EXPL no RP1, em alguma medida, vai em direção daquilo que foi encontrado na análise de Nuzzo (2007). Em uma situação, cujo gatilho é imediato, estratégias mais elaboradas não parecem necessárias e a "expressão formulaica", que foi um dos recursos mais recorrentes, representa, portanto, "a típica reação de quem cometeu um dano na presença da pessoa prejudicada" (p. 170). Podemos ainda considerar que, além do gatilho imediato, a falta é de baixo grau de imposição, o que poderia sugerir outro elemento motivador para se dispensar estratégias mais estruturadas.

A respeito do grupo IMPL, por sua vez, no que tange às categorias escolhidas, verifica-se que, no pré-teste, optou-se mais frequentemente pela "expressão formulaica", ou seja, pela forma mais direta de se desculpar, como se vê nos casos que seguem no Exemplo 11:

**Exemplo 11**

| inf2_IMPL: | *Mi scusi* |
| inf3_IMPL: | *Mi scusa, mi scusa. Posso lasciare qui?* |
| inf4_IMPL: | *Scusi.* |
| inf5_IMPL: | *Mi scusi.* |
| inf8_IMPL: | *Mi scusi, scusi* |

No pós-teste, embora os informantes tenham recorrido a novas estratégias como a "admissão da falta" (*Ho lasciato cadere la vostra penna*) e a "falta de intencionalidade" (*non volevo fare questo*), a diferença maior esteve ainda no aumento de ocorrências da "interjeição" e da "repetição da expressão formulaica", ambas demonstrações de "emoção", como exemplificado abaixo (Exemplos 12 e 13).

**Exemplo 12**

| inf1_IMPL: | *Oh! Mi scusi.* |
| i_inf1_IMPL: | *Va bene, va bene. Grazie.* |
| inf1_IMPL: | *Mi dispiace... primo giorno e sto un po'... nervosa.* |
| i_inf1_IMPL: | *Va bene.* |

**Exemplo 13**

| inf2_IMPL: | *Scusi. Mi dispiace tantissimo.* |
| i_inf2_IMPL: | *Non c'è problema.* |
| inf2_IMPL: | *Mi dispiace.* |

O aumento no uso dessas estratégias mostra que os falantes do grupo IMPL reconheceram mais sua responsabilidade pelo dano e, recorrendo com maior frequência às formas fixas, buscaram intensificar o pedido de desculpas direto e explícito após o tratamento.

Dentre as categorias escolhidas somente no pós-teste, observa-se uma ocorrência do "pedido de acordo/consentimento", estratégia que é geralmente utilizada após o reparo, com o intuito de verificar se a (proposta de) solução para o problema foi suficiente, a ponto de restaurar a harmonia na interação. Tendo em vista que o uso desse recurso nos pareceu incomum para essa situação, recorremos ao *corpus* (Exemplo 14) e ao registro em vídeo da interação para verificar o contexto no qual foi utilizado.

**Exemplo 14**

| inf4_IMPL: | *Oh scusi, scusi. Ho lasciato cadere la vostra penna.* |
| i_inf4_ IMPL: | *Va bene.* |
| inf4_IMPL: | ***Va bene?*** |
| i_inf4_ IMPL: | *Sì, sì, sì.* |

Observamos que, embora o interlocutor responda "Va bene", o inf4_IMPL percebe, por meio de uma manifestação não verbal, que a aceitação da ação reparadora ocorre de maneira incerta, tratando-se, portanto, de uma resposta despreferida[34]. Sendo assim, o falante, mesmo tendo se desculpado e reparado o dano, pois apanhou a caneta do chão, busca uma nova estratégia para se certificar de que o ato foi aceito e a relação com o ouvinte voltou ao equilíbrio.

No grupo IMPL, portanto, o comportamento principal dos informantes não mudou do ponto de vista das estratégias: no pré-teste dentre as categorias mais utilizadas está a "expressão formulaica" e no pós-teste, recorre-se ainda mais às formas convencionalizadas. Nesse sentido, notamos manifestações

---

34   Conforme apresentado no Capítulo II, Quadro 14, "aceitar a ação reparadora de maneira incerta" está entre as potenciais respostas despreferidas a um pedido de desculpas.

similares com o grupo EXPL, concordando, inclusive, com os resultados encontrados por Nuzzo (2007): quando uma falta de baixo grau de imposição ocorre diante do ouvinte (gatilho imediato), formas convencionalizadas podem ser o suficiente para se desculpar.

### 4.2.2. Role play 2 - derrubar o vinho

Observando as estratégias mais utilizadas pelos informantes no RP2 (derrubar o vinho), nos deparamos com a "interjeição", seguida da "expressão formulaica" e do "reparo", como exemplificam as interações reproduzidas nos Exemplos 15 e 16:

**Exemplo 15**

| | | |
|---|---|---|
| infl_EXPL: | Oh! Porca la miseria. Scusa di aver fatto questo. Mi dispiace molto. | interjeição + expressão formulaica + rep. da expressão formulaica |
| i_infl_EXPL: | Ah! | |
| infl_EXPL: | Prendi, prendi uno strappo, possiamo pulire adesso, no? | reparo |
| i_infl_EXPL: | No, no... Ma, dimentica. | |
| infl_EXPL: | Scusa. Scusa. Scusa. | rep. da expressão formulaica |
| i_infl_EXPL: | Non si può fare niente... Peccato, è... succede. | |

199

**Exemplo 16**

| | | |
|---|---|---|
| i_inf6_EXPL: | *Oh Dio!* | |
| inf6_EXPL: | *Mi dispiace moltissimo.* | expressão formulaica |
| i_inf6_EXPL: | *No, non c'è problema...* | |
| inf6_EXPL: | *Ho bisogno che pulire questo disastro.* | reparo |
| i_inf6_EXPL: | *No... facciamo dopo, vieni!. Andiamo lì.* | |

Pelos dados, observa-se que há uma tendência por parte dos informantes a utilizar estratégias que, além de manifestar o reconhecimento pelo dano causado ("interjeição"), explicitam o pedido de desculpas ("expressão formulaica") e reconhecem a necessidade do ouvinte por suporte, propondo soluções para o prejuízo ("reparo").

Após o tratamento, verifica-se que a "interjeição" se mantém entre as estratégias mais utilizadas, mas aumenta a preocupação com o suporte ao ouvinte e há, portanto, um maior número de ocorrências do "reparo", inclusive, intensificado pela "alternativa". Além disso, recorre-se mais também às formas fixas, que continuam entre os recursos mais usados, e da "repetição da expressão formulaica".

Nota-se também que, após o tratamento, surgem como novas categorias a "falta de intencionalidade" e a "autodepreciação", dois recursos por meio dos quais os falantes assumem a culpa e reconhecem a responsabilidade pela falta. Trata-se de categorias que consideramos mais elaboradas e o fato de emergirem nessa situação pode ser justificado pelo "ajuste" feito pelo falante, diante da seriedade da falta (COULMAS, 1981). Por outro lado, com a "falta de intencionalidade", busca-se fazer com que o ouvinte entenda a posição do "ofensor" (MEIER, 1997). Outra estratégia presente é a "autodepreciação", com a qual o falante censura seu próprio comportamento buscando evitar um julgamento do ouvinte (Exemplo 17):

**Exemplo 17**

inf6_EXPL:   *Perdonami. **Sono disastrato!** Ma non ti preoccupe posso pulire...*
inf7_EXPL:   ***Sono sfigata!***
inf9_EXPL:   *Perdonami, **sono proprio sfigata.***

Em um dos casos (inf6_EXPL), é possível observar que o informante utiliza essa estratégia, adaptando uma unidade lexical do português brasileiro – "desastrado" – para o italiano, com o intuito de dizer que, por falta de jeito, derrubou o vinho no sofá. Já nas outras duas respostas, percebe-se que as informantes recorreram à "autodepreciação", usando a palavra *sfigata* que, em italiano, é comum na linguagem juvenil para descrever alguém "sem sorte" ou "azarado". É possível que tal adjetivo fizesse parte do repertório lexical dessas informantes, entretanto, cabe mencionar que *sfigata* estava presente no *input* utilizado durante o tratamento ("*Guarda, io sono veramente molto sfigata*" – RPfn2/vaso). Tendo em vista que foi uma estratégia a qual se recorreu somente no pós-teste, podemos inferir que seu uso esteja relacionado ao trabalho realizado durante as aulas.

Assim como ocorre com o grupo EXPL, também no IMPL, a análise quantitativa dos dados mostra que não houve diferença significativa entre as respostas fornecidas no pré e no pós-teste ($p$-$valor$ = 0,234). Quanto às estratégias mais utilizadas, os resultados também seguem, basicamente, a mesma direção daquilo que foi encontrado no grupo EXPL. No pré-teste, houve uma tendência maior a assumir a culpa por meio da "interjeição", oferecer suporte ao ouvinte com o "reparo" e expressar o pedido de desculpas de forma direta e explícita com a "expressão formulaica", como na interação do Exemplo 18:

**Exemplo 18**

| | | |
|---|---|---|
| inf5_IMPL: | ***Ah! Oh!*** | interjeição |
| i_ inf5_IMPL: | *Mamma mia! Oh Dio! Questo è nuovo!* | |
| inf5_IMPL: | ***Oh!*** *No lo so che dire.* | interjeição |
| i_ inf5_IMPL: | *Ok! Fa niente. Sono molto triste, ma...* | |
| inf5_IMPL: | ***Mi dispiace...*** | expressão formulaica |
| i_inf5_IMPL: | *Fa' niente.* | |
| inf5_IMPL: | ***Mi dispiace...*** | repetição da expressão formulaica |

No pós-teste, observa-se que os informantes recorrem menos à "interjeição" e demonstram mais preocupação em resolver o problema causado por meio do "reparo" e da "alternativa", conforme Exemplo 19:

**Exemplo 19**

| | | |
|---|---|---|
| inf2_IMPL: | *Oh! Mi dispiace.* | interjeição |
| i_ inf2_IMPL: | *Proprio con il vino!* | |
| inf2_IMPL: | ***Posso asciuga– Posso compare un altro... un nuovo...*** | reparo |
| i_ inf2_IMPL: | *Va bene... no, no... si preoccupe* | |
| inf2_IMPL: | ***Pulire!*** | alternativa |
| i_ inf2_IMPL: | *Non si preoccupe. Tutto bene. Tutto a posto.* | |

Além disso, há também um aumento relativamente expressivo da "autodepreciação". Dessa forma, podemos inferir que, após o tratamento, os informantes parecem se voltar de forma mais enfática ao apoio que deve ser prestado ao ouvinte, assumindo a responsabilidade pela falta, particularmente por meio da reprovação do próprio comportamento. O recurso a um número maior de estratégias parece justificável em uma situação como essa, já que é necessário reparar a falta que é grave (GI+) e também manter a boa relação que, supostamente, já se tinha com uma pessoa próxima (DS-).

### 4.2.3. DCT oral 1 – atraso com um amigo

Na realização do ODCT1, os aprendizes foram orientados a gravar um "áudio" do aplicativo WhatsApp para um/uma amigo/amiga, uma vez que se atrasariam para um compromisso que tinha sido marcado com ele/ela. Nesse caso, conforme análise quantitativa (Tabela 1), verificou-se uma diferença significante (*p-valor* = 0,005) em relação à quantidade de estratégias utilizadas no pré e no pós-teste. O dado revela um possível efeito do tratamento didático, que se manifesta por meio de pedidos de desculpas construídos com mais recursos e, portanto, mais elaborados.

Quando observamos o tipo de estratégias mais recorrente, verificamos que tanto no pré quanto no pós-teste, a mais utilizada é o "apelo" – recurso por meio do qual o falante chama a atenção do ouvinte para o ato que será realizado – o que se justifica, nesse caso, sobretudo porque no ODCT1 (atraso/amigo) o gatilho é de tipo não imediato, isto é, o ouvinte ainda não tem conhecimento da falta. Assim, para que o pedido de desculpas seja realizado, é necessário iniciar uma interação, estabelecendo um primeiro contato com o interlocutor (Exemplo 20):

**Exemplo 20**

| | Pré-teste | Pós-teste |
|---|---|---|
| inf1_EXPL | *Ciao **Francesco**. Qui è Aldo,* | *Pronto **Cenzolo*** |
| inf2_EXPL | *Ah **carissima**... ai amica,* | *Ciao **amica*** |
| inf3_EXPL | *Ciao **Sueli**,* | *Ciao **Marco**, sono io.* |
| inf4_EXPL | *Ciao!* | *Ciao **Anna**, come stai?* |
| inf5_EXPL | *Ciao **Raquel**, sono io.* | *Ciao **Raquel**. Tutto a posto?* |
| inf6_EXPL | ***Amico.*** | ***Giancarlo**, tutto bene?* |

| | | |
|---|---|---|
| inf7_EXPL | Ah, Ciao **Kika**, | Ciao **Giacomo**. |
| inf8_EXPL | Ah allora... Ciao **amica**, | Ciao **amica**. |
| inf9_EXPL | Oh buongiorno! | **Mi**, <u>tutto bene?</u> |

De um modo geral, percebe-se que os aprendizes utilizaram formas bastante convencionalizadas de se iniciar uma interação com as expressões *ciao, allora, buongiorno*, seguidas, em alguns casos, de perguntas convencionalizadas como *come stai?* ou *tutto bene?*; com o nome próprio ou o apelido (*Sueli, Kika, Mi*); com os adjetivos ou substantivos que indicam a relação entre os interlocutores (*carissima, amica, amico*).

Comparando as respostas fornecidas antes e após o tratamento, observamos algumas diferenças. Quanto ao uso de nome próprio/apelido ou de substantivos ou adjetivos afetivos, houve sete casos no pré-teste e nove do pós-teste (em negrito, nos exemplos). As perguntas convencionalizadas, que podem completar a saudação inicial, aparecem somente após o tratamento (os casos foram sublinhados nos exemplos). Embora nosso estudo não esteja voltado ao funcionamento específico desses elementos no discurso, em termos de efeito, poderíamos sugerir que, após a intervenção, utilizando em combinação nomes próprios/apelidos e expressões rotinizadas (*come stai?, tutto bene?*), os informantes buscaram maior conexão com o ouvinte para se desculpar.

Na sequência, observamos que as categorias mais frequentes no pré-teste, são a "admissão da falta" (*sono in ritardo*) e o "reparo" (*ma tra 30 minuto arrivo*): um indício de que os informantes assumiram a responsabilidade e tentaram dar suporte ao ouvinte.

No pós-teste, observou que, em alguma medida, as preferências se mantêm: há ainda a "admissão da falta" e o "reparo" entre as estratégias mais utilizadas. No entanto, recorre-se também de forma relativamente expressiva ao "pedido por tolerância" e ao "pedido de acordo", conforme

**Exemplo 21**

| | |
|---|---|
| inf2_EXPL | *Sì, mi aspetti allora* |
| inf3_EXPL | *Mi aspetta.* |
| inf3_EXPL | *(...) per favore, non mi dici che sono uno stronzo, eh* |
| inf5_EXPL | *Aspetta, mi aspetti per favore* |
| inf8_EXPL | *Poi, poi ci vediamo se riesci ad aspettarmi.* |

**Exemplo 22**

| | |
|---|---|
| inf1_EXPL | *Va bene?* |
| inf2_EXPL | *Sì?* |
| inf2_EXPL | *Sì?* |
| inf7_EXPL | *Va bene?* |
| inf7_EXPL | *Va bene?* |

Além disso, no pós-teste, há ainda um número relativamente expressivo de ocorrências de "preparador" e "agradecimento", utilizados somente após o tratamento. Especificamente nos casos de "preparador", verifica-se que foi utilizado como um "anúncio" (Exemplo 23) não do pedido de desculpas em si, mas da "admissão da falta", o que ressalta o caráter de "confissão" dessa estratégia (NUZZO, 2007).

**Exemplo 23**

| | |
|---|---|
| inf1_EXPL | Pronto Cenzolo, **_volevo darti un messaggio._** Arriverò un po'più tardi. (...) |
| inf2_EXPL | Ciao amica. Ah, **_ti voglio, ti voglio spiegare_**. Io non ce la faccio a arrivare dalla... dalle 15. |
| inf5_EXPL | Ciao Raquel. Tutto a posto? Ah, **_non so come dire_** ma non sono ancora uscita della casa. |
| inf6_EXPL | Giancarlo, tutto bene? **_Voglio parlare una cosa._** Io vado arrivare in ritardo, alle 15 e mezzo, perché io sono parato qui nel transito. (...) |
| inf8_EXPL | Ciao amica. Hum... **_sai, io ti voglio dire_** che sono in ritardo come al solito. (...) |

Dessa forma, nota-se que, no pós-teste, os informantes continuam assumindo a responsabilidade e oferecendo suporte ao ouvinte. No entanto, há também uma busca pela colaboração do interlocutor, que pode indicar um efeito do tratamento didático com uma readequação das estratégias à relação entre falante e ouvinte. Tendo em vista que, nessa situação, os interlocutores são amigos, é justificável que o falante conte com a empatia do ouvinte para se desculpar, reparar o dano e trazer de volta a harmonia para a relação.

Passando para a análise do grupo IMPL, observou-se que, do ponto de vista qualitativo, assim como no grupo EXPL, o "apelo" está dentre as estratégias mais utilizadas, tanto antes quanto após a instrução. Também no grupo IMPL, como pode ser conferido no exemplo que segue (Exemplo 24), os informantes utilizaram formas convencionalizadas de abrir a interação (*Ciao, Senti, come stai?*); nomes próprios/apelidos (*Antonella, Bia, Nicola*); adjetivos e substantivos que derivam da relação entre os interlocutores (*caro, amica*):

**Exemplo 24**

|  | Pré-teste | Pós-teste |
|---|---|---|
| inf1_IMPL | **Antonella,** | **Andrea,** |
| inf2_IMPL | Ciao **Bia.** | Ciao **Nicola.** |
| inf3_IMPL | Ciao **amica,** *amica sono io Ellen.* | **Amica,** |
| inf4_IMPL | **Renato** | Ciao **Rodrigo** |
| inf5_IMPL | Ciao **Marta.** | **Maria!** |
| **inf6_IMPL** | **Margarida,** | Ciao **Angela,** <u>come stai?</u> |
| inf7_IMPL | Senti **Giuseppe** *caro mio* | **Lucas,** |
| inf8_IMPL | Ciao **Paola** | Ciao **Marco** |
| inf9_IMPL | Ciao **amica,** <u>come stai?</u> | Ciao **Maria,** <u>come stai?</u> |

Ao compararmos as respostas, verificamos que, no que se refere ao uso do nome próprio/apelido ou de adjetivos e substantivos utilizados para abrir a interação e chamar a atenção do ouvinte, não houve mudanças: foram 9 casos tanto no pré quanto no pós-teste (em negrito). Quanto às perguntas convencionalizadas, que completam a abertura da interação, há um caso antes e 2 após o tratamento (sublinhados no exemplo). Em comparação com o grupo EXPL, portanto, o IMPL apresentou um número menor de alterações na elaboração do "apelo", o que sugere que não houve interferência do tratamento didático nesse aspecto.

Excluindo o "apelo", as outras estratégias mais utilizadas no pré-teste foram a "admissão da falta" (*sono in ritardo*) e a "expressão formulaica" (*scusa, mi dispiace*), que representam um indício de que os falantes, antes do tratamento, buscaram com mais frequência assumir a responsabilidade e realizar o ato de maneira direta e explícita.

No pós-teste, mudam as preferências dos informantes, de modo que a "admissão da falta" se mantém entre as categorias mais utilizadas, mas percebeu-se menor recorrência das estratégias diretas com a diminuição das ocorrências da "expressão formulaica" e da "repetição da expressão formulaica". Em contrapartida, informantes recorreram com mais frequência ao "pedido por tolerância" e ao "pedido de acordo", conforme os Exemplos 25 e 26.

**Exemplo 25**

| | |
|---|---|
| inf4_EXPL | *Uhm... non arrabbiarti,* |
| inf6_EXPL | *(...) ma per favore non sia arrabbia,* |
| inf7_EXPL | *Mi aspetta per favore.* |
| inf9_EXPL | *(...) ma aspettami* |

**Exemplo 26**

| inf2_IMPL | (...) Ah in trenta minuti arrivo. **Certo?** |
| inf3_IMPL | (...) ci sono molti problema oggi, ma ci vediamo dopo, **d'accordo?** |
| inf9_IMPL | (...) Arriverò in ritardo, **va bene?** |

O "pedido de acordo", como pode ser conferido no Exemplo 26, foi utilizado tanto com o "reparo" (inf2_IMPL; inf3_IMPL) quanto com a "admissão da falta" (inf9_IMPL). Em ambos os casos, com essa estratégia o falante enfatiza que o ouvinte tem o "direito" de aceitar ou não o pedido de desculpas ou o reparo oferecido.

Podemos concluir que, mesmo sem alteração expressiva no número de ocorrências entre pré e pós-teste, altera-se, por meio das estratégias utilizadas, o comportamento do grupo. Observamos que a admissão da responsabilidade pela falta se mantém, mas, no pré-teste, o ato é realizado de forma mais explícita e direta, enquanto, no pós-teste, se conta mais com a colaboração e a empatia do ouvinte. É verdade, então, que o número de estratégias não varia, mas a análise mostra que houve uma adequação das estratégias em dois sentidos: por um lado, tratando-se de uma situação com gatilho não imediato, os aprendizes perceberam que há, de fato, mais espaço para recursos mais indiretos e implícitos; por outro lado, notaram que, tendo em vista que o ouvinte é uma pessoa conhecida (DS-), é oportuno, ao se desculpar, explicitar a confiança em sua compreensão.

## 4.2.4 DCT oral 2 – atraso com um desconhecido

No ODCT2, no qual a situação proposta é a de pedir desculpas por causa de um atraso com um desconhecido, temos a segunda situação de gatilho não imediato com a falta relacionada ao "tempo". Como no ODCT1, a falta também é representada por um atraso, contudo, desta vez, o evento é um casamento, portanto, formal, e o compromisso é com uma pessoa desconhecida, que o falante deveria levar ao evento. Dessa forma, tanto o grau de imposição quanto a distância social são altos (GI+ DS+).

Verificando os dados por uma perspectiva qualitativa, observamos que, no grupo EXPL, as estratégias mais utilizadas no pré-teste se dividem em quatro tipos: a "admissão da falta", o "reparo", o "apelo" e a "expressão formulaica". Quanto ao "apelo", como mencionamos no teste anterior (ODCT1), seu uso prevalente acaba se justificando, sobretudo, por se tratar de uma situação de gatilho não imediato, levando o falante a utilizar esse recurso como forma de iniciar a interação, antes de se desculpar. As outras estratégias mais utilizadas evidenciam uma tendência dos informantes a pedir desculpas de forma explícita e direta, assumindo a responsabilidade pela falta e buscando solucionar o problema causado, como pode ser conferido nos casos que seguem no Exemplo 27.

**Exemplo 27**

| | | |
|---|---|---|
| inf1_EXPL | *Cenzolo, ciao ciao. Lo so, lo so, scusami, mi sono, mi sono dimenticato davvero di prenderti. Ma vengo subito.* | apelo + admissão da falta + reparo |

| | | |
|---|---|---|
| inf2_EXPL | (...) io sono proprio dimenticata. Mamma! Perdonami, perdonami. Ahh aspettami più o meno 15 minuto io ritorno e ti prendo. | admissão da falta + interjeição + expressão formulaica + reparo |
| inf3_EXPL | (...) ma scusi, scusi tanti, ma sono dimenticato di voi, mi scusi sono uno stronzo. Ma soltanta 30 minuti sarò con te. | expressão formulaica + admissão da falta + autodepreciação + reparo |

Após o tratamento, verificou-se que o grupo EXPL reorganiza suas escolhas. Os informantes recorreram menos à "admissão da falta"; o "reparo" continuou entre as estratégias mais utilizadas e houve um aumento relativamente expressivo no uso das formas convencionalizadas, que não se limitam à "expressão formulaica" e se manifestam também pela "repetição da expressão formulaica". Essa alteração pode indicar que, de um modo geral, o pedido de desculpas do grupo EXPL foi, após o tratamento, mais direto e explícito, provavelmente, por ter sido levada em consideração a maior necessidade de diretividade, quando a distância social é alta.

Observando as categorias cujo número de ocorrências aumentou após o tratamento, despontou a "despedida", com a qual, como demonstra o Exemplo 28, o falante pode estruturar melhor a interação e demonstrar consideração, apreço ou afeto pelo ouvinte.

**Exemplo 28**

Pré-teste    inf6_EXPL:    (...) Ma prende allora, adesso un Uber, io ti pago per vir a ca.

| Pós-teste | inf6_EXPL: | *(...) Prendi un Uber e arrivando aqui ti pago. Va bene? Non ti preoccupe. <u>Ti aspetto qui. Un abbraccio.</u>* |

No que tange ao grupo IMPL, também se observou alguma diferença entre pré e pós teste. Antes do tratamento, as estratégias mais utilizadas são o "reparo" (*Arriverò in quindici minuti; sto arrivando tra dieci minuti*), o "apelo" (*Ciao Mario; Davide*) e a "expressão formulaica" (*mi dispiace per il ritardo; mi dispiace tanto; scusi*). Já após o tratamento, embora o "reparo" tenha permanecido entre as estratégias mais utilizadas, há menos ocorrências das formas convencionalizadas ("expressão formulaica" e "repetição da expressão formulaica"). Além disso, aumentaram o "pedido de acordo" (*Tutto bene?; Ok?; Certo?*) e a "admissão da falta", como se vê nos casos reportados no Exemplo 29.

**Exemplo 29**

| inf1_IMPL | *sto in ritardo* |
| inf2_IMPL | *sono dimenticata di prenderti all'albergo.* |
| inf3_IMPL | *mi sono completamente dimentica (...)* |
| inf4_IMPL | *sarò in ritardo* |
| inf5_IMPL | *Io ho dimenticato completamente.* |
| inf6_IMPL | *ho dimenticato che dovevo prenderti,* |
| inf7_IMPL | *Io ho dimenticato sì di di andare nel tuo albergo,* |
| inf8_IMPL | *mi sono accorta proprio adesso che ho dimenticato di tu* |

213

Essa reorganização pode sugerir que, após o tratamento, os informantes continuaram a se preocupar com a reparação do dano, entretanto, as formas mais diretas e explícitas foram substituídas por estratégias mais complexas, por meio das quais assumiram a responsabilidade. Desse modo, em relação ao grupo EXPL, no grupo IMPL, houve uma evolução contraditória e, possivelmente, as escolhas pelas estratégias após o tratamento se pautou não pela relação entre os interlocutores (DS), mas pelas características da falta, que se configura como gatilho não imediato e de alto grau de imposição.

### 4.2.5. DCT escrito 1 – derrubar a caneta

No WDCT1, temos a mesma situação apresentada no RP1: a falta que causa o pedido de desculpas é ter derrubado a caneta de um desconhecido. As informações quantitativas do EXPL, mostram uma diferença significante a respeito do uso de estratégias antes e após o tratamento ($p\text{-valor} = 0,031$). Do ponto de vista qualitativo, no pré-teste, as estratégias utilizadas com mais frequência foram a "expressão formulaica", o "reparo" e a "repetição da expressão formulaica", como exemplificado nos casos apresentados no Exemplo 30.

**Exemplo 30**

| | | |
|---|---|---|
| inf1_g1 | *Scusi, mi dispiace, la prendo io.* | expressão formulaica + repetição da expressão formulaica + reparo |

| | | |
|---|---|---|
| inf2_gl | *Mi dispiaci tanti scusatemi te la prendo io* | expressão formulaica + repetição da expressão formulaica + reparo |
| inf3_gl | *Mi dispiace, scuzi tante signora.* | expressão formulaica + repetição da expressão |
| inf4_gl | *Scusa. Ecco la sua penna.* | expressão formulaica + reparo |
| inf5_gl | *Scusami! La sua penna non l'ho vista.* | expressão formulaica + reparo |

Esse dado coincide com o que encontramos no RP1: os informantes do grupo EXPL, tanto no pré quanto no pós-teste, tenderam a utilizar estratégias mais diretas e a reparar o dano causado. Esse comportamento é justificável, uma vez que "derrubar a caneta" é uma situação com gatilho imediato e baixo grau de imposição, desse modo, não requer estratégias mais elaboradas (NUZZO, 2007).

No pós-teste, o "reparo" continua entre as estratégias mais utilizadas. As formas convencionalizadas, porém, apresentam-se de forma muito mais recorrente, não só pela "expressão formulaica", mas também pela "repetição da expressão formulaica". Além disso, recorre-se ainda, de maneira expressiva, à "falta de intencionalidade", uma estratégia que não foi utilizada no pré-teste, mas aparece com um número de ocorrência relevante após o tratamento, como pode ser conferido no Exemplo 31:

**Exemplo 31**

| | |
|---|---|
| inf1_EXPL: | *Mille scuse, **non ci volevo**, mi dispiace. La prendo io.* |
| inf4_EXPL: | *Scusami. Mi dispiace. **Veramente no volevo**. Ecco la sua penna.* |

inf5_EXPL:   *Mamma mia! Mi dispiace...* **Non avevo l'intenzione**.
            *Sono troppo disatenta e la penna non l'ho vista. Mi scusi.*
inf7_EXPL:   *Mi scusi!* **Non ho fatto aposta**! *Mi scusi tanto!*

Dessa forma, podemos inferir que o grupo EXPL, antes do tratamento, mostrou a tendência de realizar os pedidos de desculpas de forma mais explícita e direta e a suportar o ouvinte com o reparo. Após o tratamento, essa tendência não mudou, mas verifica-se uma intensificação do pedido de desculpas direto e, além disso, mais espaço para estratégias mais complexas.

Passando para a análise dos dados do grupo IMPL, observamos que, quanto ao número total de ocorrências, a diferença entre pré e pós teste não foi expressiva ($p$-$valor = 0{,}359$). Quanto aos dados qualitativos, verificou-se que, antes do tratamento, houve maior recorrência à "expressão formulaica" (*Scusami!; Mi scusa!*), à "autodepreciação" (*Non sono molto atenta oggi*) e ao "reparo" (*Posso lasciare qui?*). Os informantes, portanto, deram preferência à diretividade para realizar o ato, manifestaram preocupação em reparar o erro e, por meio da reprovação do próprio comportamento, assumiram a responsabilidade pela falta.

No pós-teste, conforme indicamos no Exemplo 32, notou-se que tais preferências essencialmente não mudam e os informantes continuaram a recorrer com mais frequência às mesmas estratégias: "expressão formulaica", à "autodepreciação" e ao "reparo".

**Exemplo 32**

| | | | |
|---|---|---|---|
| **Pré-teste** | inf6_IMPL | *Scusate! Non sono molto atenta oggi. Mi dispiace tantissimo. Non voleva fare questo.* | expressão formulaica + autodepreciação + repetição da expressão formulaica + falta de intencionalidade |
| **Pós-teste** | inf6_IMPL | *Scusate! Non voleva fare questo. Sono un po' distratta oggi.* | expressão formulaica + autodepreciação + falta de intencionalidade |

Na comparação entre os instrumentos, nota-se que tanto no WDCT1 quanto no RP1, o comportamento dos informantes do grupo IMPL se manteve na mesma linha após o tratamento. Porém, no *role play*, foi possível observar a presença mais prevalente da "interjeição", uma estratégia que parece ser mais recorrente nos testes orais, já que ocorre essencialmente por meio de uma manifestação de emoção. No teste escrito, por sua vez, observa-se que, mesmo diante de uma falta de baixo grau de imposição, os falantes recorreram com frequência a uma estratégia mais elaborada: a "autodepreciação". Possivelmente, tal escolha tenha se dado pelas condições que o WDCT fornece na elaboração das respostas, que podem ser criadas com mais tempo e, assim, são mais bem estruturadas.

### 4.2.6. DCT escrito 2 – derrubar o vinho

Seguindo com a análise dos WDCTs, passamos para a segunda situação, que é idêntica à do RP2 e consiste em derrubar vinho tinto no sofá de um amigo, falta por causa da qual os informantes deveriam se desculpar. Também neste caso, o gatilho é imediato e a falta é relacionada à "posse". Entretanto, diferentemente da situação anterior (derrubar a caneta), o grau de imposição é alto (GI+) e a distância social é baixa (DS-).

No que tange ao grupo EXPL, com a análise quantitativa, observa-se que, entre pré e pós-teste, houve um aumento significante no uso de estratégias ($p$-$valor$ = 0,016). Do ponto de vista qualitativo, os dados mostraram que no pré-teste, as estratégias mais utilizadas foram a "expressão formulaica" (*Mi dispiace!; Scuzi Tante*), a "interjeição" (*Ohh porca miseria; Che disasttro!; Oh mio Dio*) e o "reparo" (*bisogno um pano para pulire questo; me lo porta uno strapo per pulire questo per piace*). Por meio de tais estratégias, verifica-se, portanto, que os informantes buscaram prevalentemente explicitar as desculpas, e assumir a responsabilidade pelo dano, demonstrando emoção e oferecendo uma solução para o problema causado.

No pós-teste, a "interjeição" e o "reparo" continuam entre as estratégias mais utilizadas. Porém, há expressivo aumento das formas convencionalizadas, que se dá pelo uso da "expressão formulaica" e, sobretudo, pela "repetição da expressão formulaica". Além disso, recorre-se mais frequentemente à "autodepreciação" (*sono disastrata; Sono sfigata!; sono proprio cogliona*); e ao "reconhecimento da gravidade" (*So che il divano ti'l'ha datto la tua nonna..; Ma è bianco il tuo divano; È pure rosse il vino*). Como possível forma de assumir o erro e reconhecer sua gravidade, os informantes criaram detalhes que aumentam o grau de imposição: citaram, por exemplo, que o sofá seria branco ou um presente da avó, e enfatizaram as informações presentes (o fato de o vinho ser tinto), explicitando-as em suas respostas. Sendo assim, observa-se que, após o tratamento, os informantes intensificaram o pedido de desculpas por meio de mais formas rotinizadas em combinação, e continuaram assumindo a responsabilidade pelo dano, fazendo uso de novas estratégias, como pode ser conferido no Exemplo 33:

**Exemplo 33**

|  | Pré-teste | Pós-teste |
|---|---|---|
| inf8_EXPL | Oh mio Dio, managgia scusami... scusami. | OH MIO DIO! SCUSAMI!Ah! Ma è bianco il tuo divano, oddio, cosa posso fare? Pago io per pulire, non ti preoccupare. Scusami veramente veramente, sono proprio cogliona. rópre rosse il vino, mi dispiace. |

Enquanto no pré-teste, o falante recorreu a três estratégias, a "interjeição" (*Oh mio Dio*), a "expressão formulaica" (*managgia scusami*) e a "repetição formulaica" (*scusami*), no pós-teste, foram utilizadas seis estratégias, sendo que algumas apareceram mais de uma vez, a "interjeição" (*OH MIO DIO! – Ah! – oddio*), a "expressão formulaica" (*SCUSAMI!*), a "repetição da expressão formulaica" (*scusami veramente veramente – mi dispiace*), o "reconhecimento da gravidade" (*Ma è bianco il tuo divano – È proprio rosse il vino*); o "reparo" (*cosa posso fare? – Pago io per pulire*); o "apaziguador" (*non ti preoccupare*); o "autodepreciador" (*Sono proprio cogliona*).

Na comparação com o RP2, observa-se que o comportamento dos informantes do grupo EXPL, no pós-teste, em alguma medida coincidiu: houve o "reparo" dentre as estratégias mais utilizadas e a "autodepreciação" também apareceu mais frequentemente. Porém, embora haja também no RP2 um número maior de ocorrências após o tratamento, a diferença das respostas entre o pré e o pós teste não é estatisticamente significante ($p$-$valor$ = 0,078) como no teste escrito.

No grupo IMPL, observamos que não houve diferença significante entre pré e pós-teste ($p$-$valor$ = 0,504), tampouco em relação às escolhas dos informantes.

No pré-teste, exatamente como ocorreu com o grupo EXPL, eles recorreram mais frequentemente à "expressão formulaica", à "interjeição" e ao "reparo". Após o tratamento, tais recursos se mantiveram como os mais utilizados, dando-se um pouco mais de espaço à "falta de intencionalidade", conforme mostra o Exemplo 34.

**Exemplo 34**

|  | Pré-teste |  | Pós-teste |
| --- | --- | --- | --- |
| inf4_IMPL | Non avevo l'intenzione. | inf1_IMPL | Non avevo intenzione! |
| in6_IMPL | Non volevo fare questo! | inf5_IMPL | No ho voglio ha fatto questo |
|  |  | inf6_IMPL | Non voleva fare questo. |
|  |  | inf3_IMPL | Non avevo l'intenzione di fare questa cosa |

Desse modo, percebe-se que tanto antes quanto após o tratamento os aprendizes tenderam a realizar o pedido de desculpas de modo direto e explícito, manifestando a responsabilidade pelo ato por meio de formas que veiculam emoção ("interjeições") e dando o suporte necessário ao ouvinte.

Retomando os dados do RP2, observamos, primeiramente, que tanto no *role play* quanto no teste escrito, essencialmente, não houve diferenças quantitativas significantes. Em segundo lugar, percebemos que a produção dos aprendizes também não sofreu mudanças marcantes entre pré e pós-teste em termos de escolha de estratégias. No RP2, vale lembrar, houve um pouco mais de ênfase no "reparo", após o tratamento. Isso pode ter ocorrido porque, com aquele instrumento, havia, de fato, uma interação e, diante do ouvinte, poderia ser maior a necessidade de assumir a culpa e arcar com os prejuízos causados.

### 4.2.7. DCT escrito 3 – atraso/amigo

O terceiro DCT escrito (WDCT3) parte de uma situação igual à do ODCT1: os informantes precisavam se desculpar por causa de um atraso a um encontro marcado com um amigo. Nessa situação, o gatilho não é imediato e, tanto o grau de imposição quanto a distância social são baixos (GI-/DS-).

Os dados brutos, relativos ao grupo EXPL mostraram que no pré-teste, as categorias mais utilizadas pelos falantes foram o "apelo", seguido da "admissão da falta" e da "expressão formulaica". O "apelo", como mencionamos, é uma estratégia utilizada com bastante frequência nesse caso porque a falta não ocorre diante do ouvinte. Sendo assim, para realizar o pedido de desculpas, o falante recorre a essa estratégia com o intuito de abrir a interação. O acesso ao número de ocorrências, no entanto, permitiu verificar que, tanto no pré quanto no pós-teste, a estratégia não foi utilizada por todos, como se vê no Exemplo 35, no qual um dos informantes optou pela "expressão formulaica" seguida da "admissão da falta", para realizar o primeiro contato com o ouvinte.

**Exemplo 35**

inf9_EXPL    *Scusa, sono in ritardo.*

As outras duas estratégias mais utilizadas – a "admissão da falta" (*Arriverò una mezzora in ritardo, per il nostro appuntamento; sono tantissima in ritardo*) e a "expressão formulaica" (*Mi dispiace tanto; Scusa*) aparecem em uma mesma proporção e, por meio delas, podemos sugerir que, no WDCT3 (atraso/amigo), a tendência mostrada pelos informantes é assumir a responsabilidade pela falta e explicitar o pedido de desculpas.

Ainda no pré-teste, observa-se que os informantes não apenas reconhecem o "erro", mas também recorrem frequentemente ao "reparo" (*sarò da te fra 30 minuti; ma fra 30 minuti arrivo; Sono nel uber, sto arrivando*), com o qual buscam solucionar o problema causado, e à "justificativa", conforme os casos reportados no Exemplo 36. Com esta última estratégia, não se deixa de assumir a responsabilidade, porém, relatando as circunstâncias que o fizeram "falhar", o falante conta também com a compreensão do ouvinte, o que é justificável, sobretudo, em um contexto de baixa distância social.

**Exemplo 36**

| inf4_EXPL | *l'autobus è arrivato in ritardo* |
| inf5_EXPL | *ma ho perso l'autobus e il prossimo ci arriverà in trenta minuti.* |
| inf6_EXPL | *ma come dice in San Paulo "Io sono arrivando"* |
| inf7_EXPL | *C'è traffico per strada* |
| inf8_EXPL | *peró ho preso un po' di traffico* |
| inf9_EXPL | *Il trafego è veramente infernale oggi.* |

Cabe observar que a estratégia elaborada pelo inf6_EXPL poderia ser considerada um "reparo", já que o falante informa que logo chegará ao encontro (*Io sono arrivando*), ou ainda um "apaziguador", utilizado para tranquilizar o ouvinte, já que, supostamente, em pouco tempo ele estaria no local combinado. No entanto, o fato de ele dizer que "está chegando", enfatizando que é o que se diz em São Paulo e colocando, portanto, em dúvida sua veracidade, nos fez perceber um caráter irônico na resposta, caracterizando-a mais como uma maneira de se justificar.

No pós-teste, a explicitação do pedido de desculpas por meio das expressões formulaicas aumenta e busca-se mais solucionar o problema, por meio do "reparo", mas também pelo uso do "apaziguador", uma das categorias utilizadas somente após o tratamento, como pode ser conferido no Exemplo 37.

### Exemplo 37

inf1_EXPL    *ma non ti preoccupi perche saró li per prenderti in meno di 5 minitu*

inf6_EXPL    *Ma non si te preocupi arriverò alle 15.30.*

A esse propósito, os informantes recorreram a quatro categorias a mais no pós-teste. Dessa forma, acabou ocorrendo uma dispersão dos números, o que dificultou traçar uma única tendência no grupo. Contudo, no resultado geral dos dados brutos, é notável que os aprendizes recorreram a mais estratégias para realizar o pedido de desculpas. A resposta extraída do *corpus* – Exemplo 38 – mostra essa tendência de forma exemplar.

### Exemplo 38

|  | Pré-teste | Pós-teste |
|---|---|---|
| inf2_EXPL | *Carissima sono tantissima in ritardo scusatimi... arrivero alle 15 e 30min* | *Scusa amica, Mi sono dimenticata oggi, sto male di testa, mi poi aspetari un momemto di piu, devo arrivare piu o meno alle 15h30. Per favore, scusa, perdonami! Direi* |

O exemplo mostra que, no pré-teste, para pedir desculpas pelo atraso, a inf2_EXPL utiliza quatro estratégias: o "apelo" (*Carissima*); a "admissão da falta" (*sono tantissima in ritardo*), a "expressão formulaica" (*scusatimi*) e o "reparo" (*arrivero alle 15 e 30 min*). Já no pós-teste, seu pedido de desculpas é realizado por seis estratégias: a "expressão formulaica" (*Scusa amica*), a "admissão da falta" (*Mi sono dimenticata oggi*), o "autodepreciador" (*sto male di testa*), o "pedido de tolerância" (*mi poi aspetari un momemto di piu*), o "reparo" (*devo arrivare piu o meno alle 15h30*) e, com mais duas ocorrências, a "repetição da expressão formulaica" (*Per favore, scusa; perdonami! Direi*).

No confronto entre os instrumentos, é possível verificar que os resultados, em parte, convergem. Primeiramente, percebe-se a presença prevalente das mesmas categorias tanto no ODCT1 quanto no WDCT3: no pré-teste, os informantes tendem a utilizar mais a "admissão da falta", o "reparo" e a "expressão formulaica", enquanto, no pós-teste, há uma tendência maior em se recorrer às mesmas estratégias. Cabe notar, contudo, que o número de categorias aumenta, o que dificulta traçar um comportamento do grupo de forma mais específica. Além disso, como mencionamos no início da análise, a produção dos informantes do grupo EXPL tanto no ODCT1 quanto no WDCT3 apresentou diferenças significantes entre pré e pós-teste, o que nos permite afirmar que o tratamento explícito foi eficaz, em ambos os instrumentos, no que tange ao uso de estratégias para a realização do pedido de desculpas.

Nos dados do grupo IMPL, observou-se que a diferença entre pré e pós-teste não é considerada significante ($p$-valor = 0,210). Quanto às categorias utilizadas pelos informantes, antes do tratamento, optou-se mais frequentemente pelo "reparo" (*devo stare in caffé alle 15:30; arriverò in 30 minuti*), pela "expressão formulaica" (*Mi dispiace; scusami*) e pela "justificativa" que, como vemos nos casos apresentados no Exemplo 39, referem-se a problemas no trânsito (inf1, inf3, inf7, inf8 e inf9), questões pessoais (inf2 e inf5) ou a algum impedimento não revelado (inf4).

**Exemplo 39**

| inf1_IMPL | *sto guidando e ho perso molto traffico.* |
| inf2_IMPL | *Ho svegliata un pò tardi,* |
| inf3_IMPL | *ma sono qui nell'autobus e c'è molto traffego oggi nella città* |
| inf4_IMPL | *Ho avuto un problema.* |
| inf5_IMPL | *Sono in ritardo perché non mi ricordavo dello nostro appuntamento oggi.* |
| inf7_IMPL | *C'E UN TRAFFICO TREMENDO,* |
| inf8_IMPL | *ho avuto un problema. mi trovo nell' ube. è sucesso un incidente nella via ed il traffico adesso è troppo pesante.* |
| inf9_IMPL | *Sono nel treno, però il treno ha avuto un problema!* |

Dessa forma, é possível notar que informantes tenderam a realizar o pedido de desculpas de forma direta, oferecendo o suporte necessário ao ouvinte, mas contando com a sua colaboração, ao relatar as circunstâncias que levaram ao atraso.

No pós-teste, foi possível verificar que se recorre menos às formas convencionalizadas, os informantes assumem mais a responsabilidade pela culpa por meio do "reconhecimento da gravidade", contudo, continuam a contar com a colaboração do ouvinte quando recorrem, mais frequentemente, ao "pedido por tolerância", estratégia que se manifesta como nos casos do Exemplo 40.

**Exemplo 40**

| | |
|---|---|
| inf3_IMPL | Ciao, Bruna... Amica, ho avuto un problema e ancora non sarà possibile trovarti alle 15, **mas aspettami**, arriverò un po più tarde, d'accordo? Un baccio |
| inf4_IMPL | Scusi Ricardo. Sono in ritardo. Arriverò verso le 15:30. **Nn arrabiarti.** Ci vediamo. |
| inf6_IMPL | Ciao, Angela! Come stai? Ho appena preso l'autobus, allora sono in ritardo. Scusami, **ma non si arrabbia per favore** devo arrivare presto. Ci vediamo! |
| inf5_IMPL | Ciao Maria. So che il ritardo non te piace. Ma, devo finir mio lavoro e arrivo un'ora dopo. Scusi. **Tu puoi aspertarme?** |
| inf9_IMPL | Ciao, Mariana! Sono in ritardo, scusami... Non sai che mi è sucesso! Un incidente sulla via del treno! Però sono a camino. Arriveró in ritardo, **aspettami!** |

 Confrontando a produção do grupo IMPL no WDCT3 e no ODCT1, observamos que as escolhas pelas estratégias não coincidem. No ODCT1, durante o pré-teste, os aprendizes optaram com mais frequência pela "admissão da falta" e pelas formas convencionalizadas, sendo que, no pós-teste, continuou-se optando pela "admissão da falta", porém, com mais espaço para as estratégias que buscam a colaboração do ouvinte: "pedido de acordo", "justificativa" e "pedido por tolerância". No WDCT3, observamos que, antes do tratamento, prevaleceram o "reparo", a "expressão formulaica" e a justificativa. Já após o tratamento, conforme descrevemos, recorre-se menos às formas convencionalizadas, os informantes assumem mais a responsabilidade pela culpa por meio do "reconhecimento da gravidade", contudo, continuam a contar com a colaboração do ouvinte.

### 4.2.8. DCT escrito 4 – atraso/desconhecido

Chegamos à última situação dos WDCTs: os informantes precisam pedir desculpas pelo atraso a um compromisso com um desconhecido. Essa situação corresponde àquela apresentada no ODCT2, o gatilho não é imediato e tanto o grau de imposição quanto a distância social são altos (GI+/DS+).

Nesse caso, o grupo EXPL, como apontado, apresentou uma diferença estatisticamente significante entre pré e pós-teste (*p-valor* = 0,051). O acesso aos dados brutos evidenciou que antes do tratamento os informantes recorreram mais frequentemente ao "reparo" (*arrivo subito; io ritorno a prenderti*) e à "admissão da falta" (*Sono un pó in ritardo; sono dimenticata di te*). Isso indica que, diante de uma falta grave, cometida a uma pessoa com quem não se tem intimidade, os informantes buscaram, sobretudo, dar suporte ao ouvinte, solucionando o problema, e assumir a responsabilidade pelo "erro". Em relação ao pré-teste, as respostas do grupo EXPL mudam significativamente, no sentido de que os informantes buscam, de forma mais intensificada, corrigir o erro cometido, utilizando o "reparo", que continua entre as categorias mais usadas, e do "apaziguador", da seguinte maneira (Exemplo 41).

**Exemplo 41**

inf1_EXPL    *non precuparti.*

inf3_EXPL    *non si preocupe,*

inf4_EXPL     *Ma non preoccuparti,*

inf5_EXPL     *Chiedo di non ti preocupare*

inf6_EXPL     *Ma non ti preocupi,*

inf6_EXPL     **Sono arrivando e te aspetto qui.**

Além disso, houve um expressivo aumento das formas convencionalizadas. Dessa forma, há evidências de que, nessa situação, embora os informantes, de fato, acreditem que reparar e assumir a responsabilidade pelo dano seja necessário, após o tratamento, eles adicionam a isso a tendência a realizar o pedido de desculpas também de forma explícita e direta.

Na comparação entre as estratégias escolhidas nos dois instrumentos, constatamos que os dados são bastante similares: tanto no ODCT2 quanto no WDCT4, durante o pré-teste, as categorias mais recorrentes foram a "admissão da falta" e o "reparo"; no pós-teste, em ambos os instrumentos, houve aumento das formas rotinizadas.

Os dados brutos referentes ao grupo IMPL indicam que, antes do tratamento, dentre as estratégias mais frequentes, estão o "reparo", a "expressão formulaica" e a "justificativa". Isso mostra uma tendência em se oferecer suporte ao ouvinte, realizar explicitamente o pedido de desculpas e assumir a responsabilidade pela falta, contando, porém, com a colaboração do ouvinte. No pós-teste, o "reparo" continua entre as estratégias mais usadas, mas entra em jogo de forma bastante expressiva também a "admissão da falta", sendo utilizada, portanto, por todos os informantes do grupo, conforme reproduzido no Exemplo 42.

**Exemplo 42**

| | |
|---|---|
| inf1_IMPL: | *me chiamo Giulia e **sto in retardo!*** |
| inf2_IMPL: | *Sono tante cose da fare che **mi sono dimenticata di te**...* |
| inf4_IMPL: | *ho avuto un piccolo problema e **sono in ritardo**.* |
| inf3_IMPL: | *ma credo che sia necessario dire che **mi sono dimenticata*** |
| inf5_IMPL: | *Antonio, **io ho dimenticato completamente.*** |
| inf6_IMPL: | ***Ho dimenticato che dovevo prenderti.*** |
| **inf7_IMPL:** | ***Ho dimenticado di andare a prender-lo*** |
| **inf8_IMPL:** | ***Mi sono accorta proprio adesso che ho dimenticato di te*** |
| **inf9_IMPL:** | ***Sono in ritardo, lo so*** |

Na "admissão da falta", como se vê, ou o falante assume que esqueceu o compromisso ou assume que está atrasado. O *prompt* mencionava um "esquecimento" do compromisso, mas, mesmo assim, alguns entenderam que "falharam" ao se atrasar, outros por não lembrarem do que tinha sido combinado.

Por fim, cabe ainda mencionar que, no pós-teste, houve expressivo aumento das formas convencionalizadas ("expressão formulaica" e "repetição da expressão formulaica"), indicando que, mesmo com a ocorrência de outras estratégias, os informantes consideraram importante realizar o ato de forma explícita e direta.

Voltando-nos agora à comparação entre os instrumentos, verificamos que, antes do tratamento, o grupo IMPL escolheu mais frequentemente, no ODCT2, o "reparo" e a "expressão formulaica". No pós-teste, o "reparo" permaneceu entre as estratégias mais escolhidas, porém, houve ainda espaço para a "admissão da falta" e o "pedido de acordo e consentimento". A formulação dos pedidos de desculpas que, no WDCT4, partia da mesma situação, foi prevalentemente direta, oferecendo suporte ao ouvinte e contando com sua colaboração para justificar os fatos. No pós-teste, o "reparo" continuou entre as estratégias mais usadas. Entra em jogo, porém, de forma bastante expressiva, também a "admissão da falta", com o falante assumindo que, de fato, "errou" e a intensificação das formas diretas e mais explícitas de se desculpar por meio das expressões rotinizadas.

# CONSIDERAÇÕES FINAIS

Inserida no âmbito da Pragmática Interlinguística (ILP), a pesquisa apresentada neste livro se concentrou no estudo do desenvolvimento da competência pragmática por parte de aprendizes brasileiros de italiano (LE). Considerando a maneira como os trabalhos da ILP se orientam, o trabalho se configura, especificamente, como uma pesquisa de tipo instrucional, já que buscou verificar como a prática didática pode interferir no ensino da pragmática e no desenvolvimento dessa competência. O objetivo principal do estudo foi examinar a eficácia relativa à instrução de tipo explícito e de tipo implícito no desenvolvimento da competência pragmática, entendida como a capacidade do aprendiz de operar escolhas linguísticas considerando os elementos do contexto interacional.

Selecionamos, como objeto de ensino, o pedido de desculpas, limitando-nos à sua função de ação reparadora. Com base nisso, então, "mensuramos" a competência pragmática por meio das estratégias, às quais se pode recorrer para a realização desse ato.

Quanto aos dois tipos de instrução de ensino, determinamos que, para esta investigação, a instrução explícita é aquela em que se utiliza a linguagem metapragmática, a atenção dos alunos é direcionada ao ato de fala escolhido como objeto de ensino e são realizadas tanto atividades de conscientização quanto discussões sobre a relação entre os elementos pragmalinguísticos e sociopragmáticos. Para a instrução implícita, ao contrário, não se recorre à linguagem metapragmática, a atenção dos alunos é orientada a aspectos de outra natureza, como os gramaticais, e são propostas atividades, essencialmente, de compreensão textual e de reutilização dos elementos ensinados, de modo que o contato com aspectos pragmáticos ficasse limitado à escolha do *input*.

O material didático utilizado durante o tratamento foi elaborado a partir de textos autênticos em língua italiana, nos quais, diferentemente dos livros didáticos, pode ser encontrado todo tipo de contexto comunicativo, o que é indispensável para o ensino da pragmática. Recorremos especificamente a três gêneros: (a) material cinematográfico, oportuno por apresentar maior quantidade e variedade de exemplos da língua em uso, tanto pela perspectiva pragmalinguística quanto sociopragmática; (b) *role plays* entre falantes nativos, por meio dos quais é possível observar a dinâmica da interação e aspectos da língua em uso muito próximos daqueles presentes em conversas espontâneas; (c) textos escritos, que promovem, entre outras coisas, o contato com aspectos sócio-histórico-culturais da língua italiana.

Os dados foram coletados com um pré-teste, uma semana antes do tratamento didático, e com um pós-teste, uma semana após o tratamento. Para tal, recorremos ao *role play* de tipo semi-aberto e ao Discourse Completion Task (DCT), nas modalidades oral e escrita.

As análises foram de tipo quantitativo e qualitativo. Pelo viés quantitativo, verificamos, utilizando testes estatísticos, se havia diferenças entre a quantidade de estratégias utilizadas antes e após o tratamento. Pela perspectiva qualitativa, procuramos verificar de que maneira as estratégias escolhidas foram utilizadas. Além disso, concentramo-nos naquelas a que se recorreu com maior frequência antes e após o tratamento, com o intuito de tentar verificar se haveria traços específicos que pudessem mostrar tendências de "comportamento" dos grupos. Para isso, agrupamos as estratégias em cinco categorias. As duas primeiras se referem aos elementos discursivos, que abrem ou fecham a interação, e às expressões rotinizadas, consideradas as formas mais diretas e explícitas para a realização do ato. As outras três se dividem conforme o falante conduz o pedido de desculpas em relação ao ouvinte, que pode ser: a) assumindo a culpa, porém, contando com a colaboração do interlocutor; b) assumindo a culpa, concentrando-se em reparar o dano causado; c) assumindo a culpa, manifestando sua inteira responsabilidade pela falta.

Os dados coletados durante o pré-teste indicam que, antes de terem passado pelo tratamento didático, os informantes já possuíam determinado repertório de estratégias que podem ser utilizadas na realização do pedido de desculpas. Observamos que, nessa etapa, os aprendizes utilizaram as estratégias discursivas ("apelo" e "despedida"); aquelas que podem ser consideradas mais simples e diretas, como a "interjeição" e as formas rotinizadas; e, ainda, recursos que requerem um pouco mais de elaboração como a oferta por reparo, o relato da situação para justificar a falha ou o reconhecimento da gravidade da ofensa. Já no pré-teste, percebemos também que, em algum grau, houve, por parte dos informantes, uma adequação das estratégias às variáveis que configuram cada situação, como um ajuste a partir da gravidade da falta.

O uso das estratégias para a realização do pedido de desculpas antes do tratamento didático pode ser resultado do conhecimento linguístico dos aprendizes, adquirido antes da participação na pesquisa. Tendo em vista que, como pré-requisito, estabelecemos o nível mínimo equivalente ao A2 (QECR), houve, naturalmente, casos de informantes que estavam em estágios mais avançados. Além disso, conforme relatado, grande parte dos participantes já haviam morado ou passado algum tempo na Itália.

O uso de estratégias antes da intervenção pode também se configurar com um caso de *transfer* pragmático, ou seja, de influência exercida pelo conhecimento pragmático dos aprendizes na língua materna sobre a produção na língua estrangeira. No desenvolvimento da pesquisa, acabamos nos atendo mais aos casos de *transfer* do tipo negativo, uma vez que implicam as ditas "falhas pragmáticas" e, dessa forma, podem gerar problemas não só na comunicação, mas na relação entre os interlocutores. Entretanto, há também os casos de *transfer* positivo, já que existem situações em que as convenções da língua em uso podem ser compartilhadas.

Nesse sentido, nossa hipótese é de que os aprendizes tenham utilizado estratégias para a realização do pedido de desculpas em italiano com base no conhecimento (sócio)pragmático da língua materna.

Todas as estratégias a que os informantes recorreram no pré-teste foram também utilizadas no pós-teste. Não houve, portanto, considerando os dados dos grupos em geral, a aquisição de novas categorias após o tratamento. Entretanto, em algumas situações, houve diferenças quanto ao número de recursos utilizados após a intervenção.

Retomando os resultados obtidos por meio dos cálculos estatísticos, observamos que os casos em que o número de estratégias aumentou de maneira expressiva após tratamento didático ocorreram exclusivamente no grupo EXPL, corroborando os achados de grande parte dos estudos que consultamos para o desenvolvimento deste trabalho.

Considerando os três instrumentos de coleta de dados utilizados na pesquisa (RPs, ODCTs e WDCTs), a instrução explícita mostrou-se mais eficaz, sobretudo, nos WDCTs. As análises estatísticas revelaram que o grupo que recebeu esse tratamento apresentou, entre pré e pós-teste, respostas com diferenças significantes em todas as situações apresentadas por meio desse método. Com a análise qualitativa, foi possível verificar que, além de ter influenciado o número de ocorrências, o tratamento explícito pode ter motivado também a escolha pelos recursos, que foi orientada pelas variáveis grau de imposição e distância social.

No WDCT1 (derrubar a caneta), observou-se que, mesmo sendo uma situação de baixo grau de imposição, após o tratamento, os informantes utilizaram, além de um número maior de formas convencionalizadas e de "reparo", estratégias mais bem elaboradas, como a "falta de intencionalidade". Nesse contexto, tal recurso pode também ser bastante útil quando se deseja ter as desculpas aceitas e manter a harmonia na relação com o interlocutor.

O uso mais frequente de estratégias complexas no pós-teste, ocorreu também no WDCT2 (derrubar o vinho). Nesse caso, notou-se que, após o tratamento, a diretividade do pedido de desculpas se intensifica com a combinação de formas convencionalizadas e que se recorre, de maneira bastante expressiva, à "autodepreciação" e ao "reconhecimento da gravidade", estratégias que implicam, respectivamente, uma reprovação do falante sobre o próprio comportamento e o reconhecimento de que a falta é grave. Com esses recursos, manifesta-se a inteira responsabilidade do falante pelo dano e, dessa forma, maior apreço pelo ouvinte que, nesse caso, era uma pessoa amiga.

O WDCT3 (atraso/amigo) e o WDCT4 (atraso/desconhecido) apresentam situações, cujo gatilho não é imediato. Dessa forma, após o tratamento, foi possível observar que, além de se intensificar o pedido de desculpas por meio das expressões formulaicas, expressou-se com mais frequência e clareza que o dano (nesse caso, um atraso) seria reparado. Notou-se ainda que, após a intervenção, por meio do uso de estratégias discursivas como o "apelo" e a "despedida", houve uma melhor organização do macro-ato e tais recursos foram utilizados de maneira mais funcional no sentido de estabelecer maior conexão ou demonstrar mais afeto pelo ouvinte.

Além dos WDCTs, nos ODCTs também encontramos resultados favoráveis à instrução explícita. Especificamente na primeira situação (ODCT1 – atraso/amigo), o grupo EXPL apresentou diferenças significantes entre as respostas fornecidas no pré e no pós-teste. Esse dado revela que, após a intervenção, o número de estratégias utilizadas para a realização do ato teve um aumento expressivo.

Por meio da análise qualitativa, conforme ocorreu com os testes escritos, foi possível verificar que, no pós-teste, os aprendizes utilizaram mais frequentemente o "pedido por tolerância", o "preparador" o "agradecimento", ou seja, estratégias por meio das quais se assume a culpa, entretanto, conta-se com a colaboração ou empatia do interlocutor. O uso desses recursos pode, portanto, indicar que houve um maior reconhecimento do papel do ouvinte, o qual, por ser uma pessoa amiga, estaria mais disponível a "colaborar" com o falante. Os resultados do grupo EXPL, entretanto, não se mantiveram na segunda situação (ODCT2 – atraso/desconhecido). Isso nos fez presumir que a sensibilização para o uso das estratégias no ODCT1, possa ter sido facilitada por dois fatores. Primeiramente, as variáveis grau de imposição e distância social que, enquanto no primeiro caso são baixos, no segundo, são altos. Em segundo lugar, a natureza da situação: presumimos que o efeito do tratamento possa ter sido facilitado porque no ODCT1 foi apresentado um contexto mais comum da vida cotidiana (um encontro informal com uma pessoa amiga), enquanto, no ODCT2, a situação seria mais esporádica, já que acompanhar uma pessoa desconhecida ao casamento de um amigo não ocorre com frequência.

Por fim, quanto aos *role plays*, não houve diferenças significantes em nenhum dos grupos experimentais. No RP1 (derrubar a caneta) sugerimos que esse resultado tenha se dado pelas características da falta que é de baixo grau de imposição e ocorre com um gatilho imediato, de modo que, para a reparação, podem ser suficientes estratégias simples e diretas. Desse modo, os informantes, que, já no pré-teste, haviam utilizado prevalentemente as formas convencionalizadas para a realização do ato, podem ter avaliado, também após o tratamento, que outros recursos não seriam necessários. Entretanto, não podemos excluir que a ausência de diferenças significativas esteja relacionada ao tratamento didático que, em ambos os grupos, poderia não ter levado aos efeitos desejados. Essa hipótese explicaria mais facilmente também as diferenças não significantes encontradas no RP2 (derrubar o vinho).

Conforme expusemos, portanto, o tratamento de tipo explícito foi aquele que se mostrou mais eficaz para sensibilizar os aprendizes quanto ao uso de estratégias para a realização do pedido de desculpas. Os dados estatísticos mostraram que, entre pré e pós-teste, houve um aumento significativo no número de estratégias utilizadas pelos informantes do grupo EXPL. Do ponto de vista qualitativo, verificou-se, inclusive, que a instrução parece favorecer não só pelo aumento de ocorrências, mas também levando em consideração as variáveis grau de imposição e distância social, uma vez que as estratégias se ajustam à gravidade da falta.

Tendo em vista que esses resultados foram encontrados, sobretudo, nos WDCTs, podemos afirmar que, de fato, a produção dos aprendizes se diferencia a partir do instrumento utilizado para a coleta de dados.

O *role play* é um instrumento que requer uma interação em "tempo real", disponibilizando pouco tempo para o planejamento das formas que devem ser utilizadas. Sendo assim, acaba por favorecer o conhecimento procedural dos aprendizes. Com particularidades semelhantes, o ODCT também é um método que exige a dinâmica da oralidade e, consequentemente, revela mais facilmente o conhecimento procedural. Entretanto, diferentemente dos RPs, o modelo de ODCT que adotamos na pesquisa, por não conter uma interação, poderia facilitar a organização do macro-ato, o que pode ter gerado o resultado positivo em uma das situações (ODCT1 – encontro/amigo).

Nos WDCTs, ao contrário, há mais tempo para a reflexão sobre a forma como as estratégias podem ser utilizadas. Por se tratar de uma prática mais controlada, há mais espaço para se conscientizar sobre a produção, para selecionar as estratégias e para, inclusive, escolher uma quantidade maior de recursos. É um método, portanto, que favorece a manifestação do conhecimento declarativo e isso justificaria as mudanças mais expressivas, que foram encontradas.

Dessa forma, concluímos que a instrução explícita se demonstrou mais eficaz no desenvolvimento do conhecimento declarativo – ou, no nosso estudo, da consciência (meta)pragmática – que, por meio de tentativas, formação de hipóteses e acesso consciente ao próprio repertório, se refere mais diretamente à capacidade consciente de "resolver os problemas". Retomando Ellis (2009), podemos pensar que, embora não se possa afirmar que a instrução explícita e a implícita estejam diretamente associadas ao desenvolvimento dos conhecimentos declarativo e procedural, é provável – e isso parece demonstrado nos resultados que apresentamos – que, em algum grau, esses processos se relacionem.

Ainda com limitações, esperamos, com o desenvolvimento desta pesquisa, trazer contribuições para campo da ILP, sobretudo, no que tange ao ensino da pragmática do italiano a aprendizes brasileiros. De fato, o objetivo maior, ao se adotar uma prática didática que contemple o desenvolvimento da competência pragmática, é conscientizar os aprendizes sobre os efeitos da língua em uso e, assim, disponibilizar os recursos necessários para que possam fazer suas escolhas de maneira autônoma e consciente.

# REFERÊNCIAS

AIJMER, K. **Conversational routines in English: convention and creativity.** London; New York: Longman, 1996.

ALCÓN SOLER, E. Does instruction work for learning pragmatics in the EFL context? *System*, v. 33, n. 3, p. 417-435, 2005.

ALVAREZ-PEREYRE, M. Using film as linguistic specimen: Theoretical and practical issues. In: PIAZZA, R.; BEDNAREK, M.; ROSSI, F. (Eds.). **Telecinematic Discourse: Approaches to the language of films and television series.** Amsterdam/Philadelphia: John Benjamins Publishing Company, 2011. p. 21-46.

AUSTIN, J. L. **How to do things with words.** 2. ed. Oxford: Clarendon Press, 1962.

AUSTIN, J. L. **Quando dizer é fazer: palavras e ação.** São Paulo: Artes Médicas, 1990.

BACHMAN, L. F. **Fundamental considerations in language testing.** 7. ed. Oxford: Oxford Univ. Press, 1990.

BACHMAN, L. F. A habilidade comunicativa de linguagem. **Linguagem & Ensino**, v. 6, n. 1, p. 77-128, 2003.

BACHMAN, L. F.; PALMER, A. S. The Construct Validation of Some Components of Communicative Proficiency. **TESOL Quarterly**, v. 16, n. 4, p. 449, 1982.

BARRON, A. **Acquisition in interlanguage pragmatics: learning how to do things with words in a study abroad context.** Amsterdam; Philadelphia, PA: John Benjamins, 2003.

BAZZANELLA, C. **Linguistica e pragmatica del linguaggio: un'introduzione.** Nuova ed. ampliata ed. Roma: GLF editori Laterza, 2008.

BEAN, J. M.; JOHNSTONE, B. Workplace reasons for saying you're sorry: Discourse task management and apology in telephone interviews. **Discourse Processes**, v. 17, n. 1, p. 59-81, 1994.

BEEBE, L. M.; TAKAHASHI, T. Sociolinguistic Variation in Face-Threatening Speech Acts. In: EISENSTEIN, M. R. (Ed.). **The Dynamic Interlanguage.** Boston, MA: Springer US, 1989. p. 199-218.

BIALYSTOCK, E. Symbolic Representation and Attentional Control in Pragmatic Competence. Em: KASPER, G.; BLUM-KULKA, S. (Eds.). **Interlanguage pragmatics.** New York: Oxford University Press, 1993. p. 43-59.

BLUM-KULKA, S. Learning to Say What You Mean in a Second Language; a Study of the Speech Act Performance of Learners of Hebrew as a Second Language. **ERIC - Institute of Education Sciences**, p. 1-61, 1980.

BLUM-KULKA, S.; HOUSE, J.; KASPER, G. **Cross-cultural pragmatics: requests and apologies**. Norwood, N.J.: Ablex Pub. Corp., 1989.

BOXER, D.; PICKERING, L. Problems in the presentation of speech acts in ELT materials: the case of complaints. **ELT Journal**, v. 49, n. 1, p. 44-58, 1995.

BROWN, P.; LEVINSON, S. C. **Politeness: some universals in language usage**. Cambridge [Cambridgeshire] ; New York: Cambridge University Press, 1987.

BUSINARO, B. Lo scusarsi tra convenzione e conversazione. **Studi Italiani di Linguistica Teorica e Applicata**, v. 31, n. 3, p. 471-502, 2002.

CANALE, M. From communicative competence to communicative language pedagogy. In: RICHARD, J. C.; SCHMIDT (Eds.). **Language and communication. London**; New York: Longman, 1983.

CANALE, M.; SWAIN, M. Theoretical Bases of Communicative Approaches to Second Language Teaching and Testing. **Applied Linguistics**, v. 1, p. 1-47, 1980.

CELCE-MURCIA, M. Rethinking the Role of Communicative Competence in Language Teaching. In: SOLER, E. A.; JORDÀ,

M. P. S. (Eds.). **Intercultural Language Use and Language Learning**. Dordrecht: Springer Netherlands, 2007. p. 41–57.

CELCE-MURCIA, M.; ZOLTAN, Z.; THURRELL, S. Communicative Competence: A Pedagogically Motivated Model with Content Specifications. **Issues in Applied Linguistics**, v. 6, p. 7–35, 1995.

COHEN, A. D. Coming to terms with pragmatics. In: ISHIHARA, N.; COHEN, A. D. (Eds.). **Teaching and Learning Pragmatics: Where Language and Culture Meet**. United Kingdom: Longman, 2010. p. 3–20.

CONSELHO DA EUROPA. **Quadro europeu comum de referência para as línguas: Aprendizagem, ensino, avaliação**. [s.l.] Edições Asa, 2001.

CORACINI, M. J. R. F. O livro didático nos discursos da linguística aplicada e da sala de aula. In: CORACINI, M. J. R. F. (Ed.). **Interpretação, autoria e legitimação do livro didático**. Campinas: Pontes, 1999. p. 17–26.

COSTA, J. C. **A relevância da pragmática na pragmática da relevância**. Porto Alegre: EDIPUCRS, 2008.

COULMAS, F. (ED.). **Rasmus Rask Studies in Pragmatic Linguistics**, Volume 2, Conversational Routine. [s.l.] DE GRUYTER MOUTON, 1981.

CRYSTAL, D. **A dictionary of linguistics and phonetics**. 6. ed. Malden, MA; Oxford: Blackwell Pub, 2008.

DECOO, W. The induction-deduction opposition: Ambiguities and complexities of the didatic reality. **IRAL - International Review of Applied Linguistics in Language Teaching**, v. 34, n. 2, 1996.

DEUTSCHMANN, M. **Apologising in British English**. Umeå: Umeå Universitet, 2003.

ELLIS, R. Measuring implicit and explicit knowledge of a second language: A Psychometric Study. **Studies in Second Language Acquisition**, v. 27, n. 02, p. 141–172, 2005.

ELLIS, R. Implicit and Explicit Learning, Knowledge and Instruction. In: ELL et al. (Eds.). **Implicit and Explicit Knowledge in Second Language Learning, Testing and Teaching**. Bristol, Buffalo, Toronto: Multilingual Matters, 2009.

FÉLIX-BRASDEFER, J. C. Data collection methods in speech act performance: DCTs, role plays, and verbal reports. In: MARTÍNEZ-FLOR, A.; USÓ-JUAN, E. (Eds.). **Language Learning & Language Teaching**. Amsterdam: John Benjamins Publishing Company, 2010. v. 26p. 41–56.

FORAPANI, D. Test di ingresso e validità. Proposte per un miglioramento della performance del placement di Italiano L2/LS per studenti ispanofoni. **Language Learning in Higher Education**, v. 2, n. 1, p. 115–126, 2012.

FORDYCE, K. The Differential Effects of Explicit and Implicit Instruction on EFL Learners' Use of Epistemic Stance. **Applied Linguistics**, v. 35, n. 1, p. 6–28, 2014.

FRANGIOTTI, G. A. **A competência sociolinguística em italiano: da análise de dados com falantes nativos ao ensino implícito e explícito para brasileiros.** Doutorado em Língua e Literatura Italiana—São Paulo: Universidade de São Paulo, 13 jun. 2019

FRANGIOTTI, G. A.; FREITAS, P. G. DE. A dicotomia implícito-explícito no ensino de línguas: uma proposta de atualização / The implicit-explicit dichotomy in language teaching: an update proposal. **Revista de Estudos da Linguagem**, v. 29, n. 1, p. 121–152, 2021.

FRASER, B. On Apologizing. In: COULMAS, F. (Ed.). **Rasmus Rask Studies in Pragmatic Linguistics - Volume 2: Conversational Routine**. The Hague; New York: De Gruyter Mouton, 1981. p. 259–272.

FUKUYA, Y. J.; MARTÍNEZ-FLOR, A. The Interactive Effects of Pragmatic-Eliciting Tasks and Pragmatic Instruction.

**Foreign Language Annals**, v. 41, n. 3, p. 478–500, 2008.

GAUCI, P. Insegnare ad agire in italiano L2: uno studio con liceali maltesi. In: NUZZO, E.; GAUCI, P. (Eds.). **Insegnare la pragmatica in italiano L2: Recenti ricerche nella prospettiva della teoria degli atti linguistici**. Roma: Carocci, 2012. p. 93–124.

GHEZZI, C.; MOLINELLI, P. Italian scusa from politeness to mock politeness. **Journal of Pragmatics**, v. 142, p. 245–257, 2019.

GHOBADI, A.; FAHIM, M. The effect of explicit teaching of English "thanking formulas" on Iranian EFL intermediate level students at English language institutes. **System**, v. 37, n. 3, p. 526–537, 2009.

GLASER, K. The Neglected Combination: A Case for Explicit-Inductive Instruction in Teaching Pragmatics in ESL. **TESL Canada Journal**, v. 30, n. 7, p. 150, 2014.

GOFFMAN, E. **Relations in public**. New York: Basic, 1971.

GOFFMAN, E. The structure of remedial interchanges. In: HARRÉ, R. (Ed.). **Life sentences. Aspects of the social role language**. London: John Wiley and Sons, 1976. p. 66–74.

GUERRA, A. F.; MARTÍNEZ-FLOR, A. Requests in films and in EFL textbooks: a comparison. **Estudios de lingüística inglesa aplicada**, v. 4, p. 17–34, 2003.

HOLMES, J. Apologies in New Zealand English. **Language in Society**, v. 19, n. 2, p. 155–199, 1990.

HOUSEN, A.; PIERRARD, M. (EDS.). **Investigations in instructed second language acquisition**. Berlin; New York: Mouton de Gruyter, 2005.

HYMES, D. On Communicative Competence. In: PRIDE, J.; HOLMES, J. (Eds.). **Sociolinguistics**. England: Penguin Books, 1972.

IACOVONI, G.; PERSIANI, N.; FIORENTINO, B. **Gramm.it (A2/B1): grammatica italiana per stranieri ; con esercizi** e testi autentici. 1. ed ed. Stuttgart: Klett Sprachen, 2009.

ISHIHARA, N.; COHEN, A. D. **Teaching and learning pragmatics: where language and culture meet**. 1. ed ed. Harlow, England: Pearson Longman, 2010.

KASPER, G. Can pragmatic competence be taught? **Second Language Teaching & Curriculum Center**, p. disponível em: www.nflrc.hawaii.edu/NetWorks/NW06, 1997.

KASPER, G.; BLUM-KULKA, S. (EDS.). **Interlanguage pragmatics**. New York: Oxford University Press, 1993.

KASPER, G.; DAHL, M. **Research methods in interlanguage pragmatics**. Honolulu: University of Hawaii, 1991.

KASPER, G.; ROSE, K. R. **Pragmatic development in a second language**. Malden, Mass.: Blackwell, 2002.

KASPER, G.; SCHMIDT, R. Developmental Issues in Interlanguage Pragmatics. **Studies in Second Language Acquisition**, v. 18, n. 2, p. 149–169, 1996.

KATONA, L.; DÖRNYEI, Z. A teacher friendly way to test language proficiency. **Forum**, v. 31, n. 2, p. 35–39, 1993.

KOIKE, D. A.; PEARSON, L. The effect of instruction and feedback in the development of pragmatic competence. **System**, v. 33, n. 3, p. 481–501, 2005.

KRASHEN, S. D. **Principles and practice in second language acquisition**. London: Pergamon, 1982.

KRASHEN, S. D. **The Input Hypothesis: Issues and Implications**. London: Longman, 1985.

LANDULFO, C. L. (Re)significando o ensino do italiano: práticas plurais, democráticas e reflexivas. **Revista Italiano UERJ**, v. 10, n. 2, p. 97–115, 2019.

LEECH, G. N. **Principles of pragmatics**. London ; New York: Longman, 1983.

LEFFA, V. J. **Língua estrangeira: Ensino e aprendizagem**. Pelotas: Educat, 2016.

MARCONDES, D. Desenvolvimentos recentes na teoria dos atos

de fala. **O que nos faz pensar: Revista do Departamento de Filosofia da PUC-Rio**, v. 17, p. 25-39, 2003.

MARTÍNEZ-FLOR, A. Teaching Apology Formulas at the Discourse Level: Are Instructional Effects Maintained over Time? **Elia**, n. 16, p. 13-48, 2006.

MARTÍNEZ-FLOR, A.; FUKUYA, Y. J. The effects of instruction on learners' production of appropriate and accurate suggestions. **System**, v. 33, n. 3, p. 463-480, 2005.

MEIER, A. J. What's the Excuse?: Image Repair in Austrian German. **The Modern Language Journal**, v. 81, n. ii, p. 197-208, 1997.

NACIMENTO-SPADOTTO, L. D. N. **O desenvolvimento da competência pragmática no ensino-aprendizagem de italiano a brasileiros: o ato de fala do pedido de desculpas para avaliar os efeitos da instrução explícita e implícita.** Doutorado em Língua e Literatura Italiana—São Paulo: Universidade de São Paulo, 28 abr. 2022.

NGUYEN, T. T. M.; PHAM, T. H.; PHAM, M. T. The relative effects of explicit and implicit form-focused instruction on the development of L2 pragmatic competence. **Journal of Pragmatics**, v. 44, n. 4, p. 416-434, 2012.

NORRICK, N. R. Expressive illocutionary acts. **Journal of Pragmatics**, v. 2, n. 3, p. 277-291, 1978.

NUZZO, E. **Imparare a fare cose con le parole: richieste, proteste, scuse in italiano lingua seconda**. Perugia: Guerra edizioni, 2007.

NUZZO, E. La pragmatica nei manuali di italiano L2: una prima indagine sull'atto linguistico del ringraziare. **Revista de Italianística**, v. XXVI, p. 5-29, 2013.

NUZZO, E. Comparing Textbooks and TV Series as Sources of Pragmatic Input for Learners of Italian as a Second Language: The Case of Compliments and Invitations. In: GESUATO, S.; BIANCHI, F.; CHENG, W. (Eds.). **Teaching, learning and** investigating pragmatics: principles, methods and practices. Newcastle upon Tyne: Cambridge Scholars Publishing, 2015. p. 85–108.

NUZZO, E. Fonti di input per l'insegnamento della pragmatica in italiano L2: riflessioni a partire dal confronto tra manuali didattici, serie televisive e parlato spontaneo. In: SANTORO, E.; VEDDER, I. (Eds.). **Pragmatica E Interculturalità in Italiano Lingua Seconda.** Firenze: Franco Cesati Editore, 2016. p. 15–27.

NUZZO, E.; GAUCI, P. **Insegnare la pragmatica in italiano L2: recenti ricerche nella prospettiva della teoria degli atti linguistici.** 1. ed. Roma: Carocci, 2012.

OGIERMANN, E. Politeness and in-directness across cultures: A comparison of English, German, Polish and Russian requests. **Journal of Politeness Research.** Language, Behaviour, Culture, v. 5, n. 2, 2009.

OLSHTAIN, E. Apologies across cultures. In: BLUM-KULKA, S.; HOUSE, J.; KASPER, G. (Eds.). **Cross-cultural pragmatics: requests and apologies.** Norwood, New Jersey: Ablex Pub. Corp., 1989. p. 155–173.

OLSHTAIN, E.; COHEN, A. Apology: A speech act set. In: **Sociolinguistics and language acquisition.** Eowley: Newbury House, 1983. p. 18–36.

OWEN, M. **Apologies and remedial interchanges: a study of language use in social interaction.** Berlin ; New York: Mouton Publishers, 1983.

PHIPPS, A. M.; GONZALEZ, M. **Modern languages: learning and teaching in an intercultural field.** London ; Thousand Oaks, Calif: Sage, 2004.

POURZANDI, M.; EBADI, S. The effect of teaching pragmatics explicitly vs. Implicitly on language learning and teaching performance. **Religación - Revista de Ciencias sociales y humanidades,** v. 4, n. 18, p. 85–89, 2019.

QUAGLIO, P. **Television dialogue: the sitcom Friends vs. natural conversation.** Amsterdam ; Philadelphia: John Benjamins Pub. Co, 2009.

RILEY, P. "Well don't blame me" On the interpretation of pragmatic errors. In: OLEKSY, W. (Ed.). **Contrastive Pragmatics.** Amsterdam: John Benjamins Pub. Co, 1989. p. 231–249.

ROBINSON, J. D. The Sequential Organization of "Explicit" Apologies in Naturally Occurring English. **Research on Language & Social Interaction,** v. 37, n. 3, p. 291–330, 2004.

ROSE, K. R. Pragmatics in the classroom: Theoretical concerns and practical possibilities. **Pragmatics and Language Learning,** v. 8, p. 267–295, 1997.

ROSE, K. R. Compliments and compliment responses in film: Implications for pragmatics research and language teaching. **IRAL - International Review of Applied Linguistics in Language Teaching,** v. 39, n. 4, p. 309–326, 2001.

ROSSI, F. Discourse analysis of film dialogues Italian comedy between linguistic realism and pragmatic non-realism. In: PIAZZA, R.; BEDNAREK, M.; ROSSI, F. (Eds.). **Telecinematic Discourse: Approaches to the language of films and television series.** Amsterdam ; Philadelphia: John Benjamins Pub. Co, 2011. p. 21–46.

SANTORO, E.; NASCIMENTO-SPADOTTO, L. Diversi modi di valutare la competenza pragmatica in L2: uno studio con apprendenti brasiliani di italiano. In: NUZZO, E.; SANTORO, E.; VEDDER, I. (Eds.). **Valutazione e misurazione delle produzioni orali e scritte in italiano lingua seconda.** Firenze: Franco Cesati, 2020. p. 59–69.

SBISÀ, M. **Linguaggio, ragione, interazione: per una teoria pragmatica degli atti linguistici.** Bologna: Il Mulino, 1989.

SBISÀ, M. **Linguaggio, ragione, interazione: Per una pragmatica degli atti linguistici.** Edição digital ed. [s.l: s.n.].

SCHLENKER, B. R.; DARBY, B. W. The use of apologies in

social predicaments. **Social Psychology Quarterly**, v. 44, n. 3, p. 271-78, 1981.

SCHMIDT, R. Consciousness, Learning and Interlanguage Pragmatics. In: KASPER, G.; BLUM-KULKA, S. (Eds.). **Interlanguage Pragmatics.** New York: Oxford, 1993. p. 21-42.

SCHMIDT, R. Consciousness and foreign language learning: A tutorial on the role of attention and awareness in learning. In: SCHMIDT, R. (Ed.). **Attention and awareness in foreign learning.** Honolulu, Hawai: University of Hawai'i, Second Language Teaching & Curriculum Center, 1995. p. 1-63.

SCHMIDT, R. Attention. In: ROBINSON, P. (Ed.). **Cognition and second language instruction.** [s.l.] Cambridge University Press, 2001.

SCHMIDT, R. W. The Role of Consciousness in Second Language Learning. **Applied Linguistics**, v. 11, n. 2, p. 129-158, 1990.

SEARLE, J. R. **Speech acts: an essay in the philosophy of language.** London: Cambridge U.P, 1969.

SEARLE, J. R. **Expression and meaning: studies in the theory of speech acts.** Cambridge, Eng. ; New York: Cambridge University Press, 1979.

SEARLE, J. R. **Os actos de fala: um ensaio de filosofia da linguagem.** Tradução: Tradução: Carlos Vogt et al. Coimbra: Almedina, 1981.

SIMIN, S. et al. The effect of explicit teaching of apologies on Persian EFL learners' performance: When e-communication helps. **International Journal of Research Studies in Language Learning**, v. 3, n. 4, 2014.

SWAIN, M. Communicative competence: some roles of comprehensible input and comprehensible output in its development. In: GASS, S. M.; MADDEN, C. (Eds.). **Input in second language acquisition.** Cambridge: Newbury House, 1985.

TAGUCHI, N. Instructed pragmatics at a glance: Where instructional studies were, are, and should be going. **Language**

Teaching, v. 48, n. 1, p. 1–50, 2015.

TAGUCHI, N. Interlanguage pragmatics. In: BARRON, A.; GU, Y.; STEEN, G. (Eds.). **The Routledge Handbook of Pragmatics**. Oxford ; New York: Routledge, 2017. p. 153–167.

TATEYAMA, Y. Explicit and implicit teaching of pragmatic routines. In: ROSE, K. R.; KASPER, G. (Eds.). **Pragmatics in language teaching**. Cambridge, UK: Cambridge University Press, 2001. p. 200–222.

TATSUKI, D. **What is Authenticity?** Proceedings of the 5th Annual JALT Pan-SIG Conference. **Anais**...Shizuoka, Japan: Tokai University College of Marine Science, 2006.

THOMAS, J. Cross-cultural pragmatic failure. **Applied Linguistics**, v. 4, n. 1, p. 91–112, 1983.

TROSBORG, A. **Interlanguage pragmatics: requests, complaints, and apologies**. Berlin; New York: Mouton de Gruyter, 1995.

ÜLBEĞI, E. The Effects of Implicit vs. Explicit Instruction on Pragmatic Development: Teaching Polite Refusals in English. **Eğitim Fakültesi Dergisi**, v. XXII, n. 2, p. 327–356, 2009.

VIEIRA, D. A. **O uso da materiais autênticos nas aulas de italiano**. São Paulo: Nova Alexandria, 2012.

© *Copyright*, 2024 - Nova Alexandria
Todos os direitos reservados.

Editora Nova Alexandria
Rua Engenheiro Sampaio Coelho, 113
04261-080 - São Paulo - SP
Fone/fax: (11) 2215-6252
Site: www.novaalexandria.com.br
E-mail: vendas@novaalexandria.com.br

*Coordenação editorial:* Francisco Degani
*Capa:* R. Degani
*Editoração eletrônica:* Bruna Kogima

**Dados Internacionais de Catalogação na Publicação (CIP)**
Tuxped Serviços Editoriais (São Paulo, SP)
Pedro Anizio Gomes - CRB-8 8846

---

S732e   **Spadotto**, Luciane do Nascimento.

Como ensinar Pragmática: um estudo sobre o pedido de desculpas em italiano / Luciane do Nascimento Spadotto. – 1. ed. - São Paulo, SP : Editora Nova Alexandria, 2024.
256 p.; 21 x 14 cm. (Série Didática).

**ISBN** 978-85-7492-505-9.

1. Ensino da Língua Italiana. 2. Linguagem e Línguas. I. Título. II. Assunto. III. Autora.

CDD 418.007450
CDU 37.013(450)

---

**Índices para catálogo sistemático**
1.   Linguagem / Línguas – Estudo e ensino; Língua italiana.
    2.   Prática pedagógica (Itália).

Todos os direitos reservados. Nenhuma parte deste livro pode ser reproduzida sem a expressa autorização da editora.

## COLEÇÃO ESTUDOS ITALIANOS

*Série Ensaios*

**Não incentivem o romance e outros ensaios**
Alfonso Berardinelli

**Escrever também é outra coisa: Ensaios sobre Italo Calvino**
Adriana Iozzi Klein e Maria Elisa Rodrigues Moreira (orgs.)

**A poética da reescritura em As cidades invisíveis de Ítalo Calvino**
Adriana Iozzi Klein

*Série Teses e Dissertações*

**Pirandello "novellaro": da forma à dissolução**
Francisco Degani

**A cozinha futurista**
E. T. Marinetti e Fillìa
Introdução, adaptação e notas de Maria Lucia Mancinelli

**O maravilhoso no relato de Marco Polo**
Marcia Busanello

**Machado de Assis: presença italiana na obra de um escritor brasileiro**
Francesca Barraco

**Pirandello e a máscara animal**
Francisco Degani

**Antonio Tabucchi contista: entre a incerteza do sentido e os equívocos da experiência**
Erica Salatini

**História, Mentira e Apocalipse: a ficção de Umberto Eco**
Maria Gloria Vinci

**Pasolini crítico militante. De *Passione e ideologia* a *Empirismo eretico*.**
Gesualdo Maffia

**Pasolini em polêmica: interlocuções de um intelectual corsário**
Cláudia Tavares Alves

**Ignazio Silone e a solitária continuação de uma luta**
Doris Nátia Cavallari

**Dramaturgia da tradução: Franca Rame e Dario Fo no Brasil**
Amanda Bruno de Mello

*Série Didática*

**Giocando s'impara**
Paola G. Baccin

**O uso de materiais autênticos nas aulas de italiano como língua estrangeira: teorias e praticas**
Daniela Vieira